Wolf-Henning Petershagen
Die Wahrheit über Deppenhausen

Wolf-Henning Petershagen

Die Wahrheit über Deppenhausen

Kuriose Ortsnamen in Baden-Württemberg

Mit Zeichnungen von
Sepp Buchegger

Herausgegeben von der SÜDWEST PRESSE Ulm mit ihren Partnerzeitungen:

BIETIGHEIMER ZEITUNG, BÖNNIGHEIMER ZEITUNG, Brenztal-Bote
Giengen, EBERBACHER ZEITUNG, GMÜNDER TAGESPOST Schwäbisch
Gmünd, Haller Tagblatt Schwäbisch Hall, HEIDENHEIMER ZEITUNG,
HEIDENHEIMER NEUE PRESSE, HOHENLOHER TAGBLATT Crailsheim,
Hohenzollerische Zeitung Hechingen, KREISZEITUNG Böblinger Bote,
NWZ NEUE WÜRTTEMBERGISCHE ZEITUNG Göppingen, Reutlinger-
Nachrichten/PFULLINGER ZEITUNG, SCHWÄBISCHE POST Aalen,
Schwäbisches Tagblatt mit ROTTENBURGER POST/DER STEINLACHBOTE
Tübingen, SACHSENHEIMER ZEITUNG, SÜDWEST PRESSE/ALB BOTE
Münsingen, SÜDWEST PRESSE/EHINGER TAGBLATT, SÜDWEST PRESSE/
GEISLINGER ZEITUNG, SÜDWEST PRESSE/LAUPHEIMER TAGBLATT,
SÜDWEST PRESSE/ILLERTAL BOTE Dietenheim, SÜDWEST PRESSE/
LAICHINGER TAGBLATT, SÜDWEST PRESSE/METZINGER-URACHER
VOLKSBLATT/DER ERMSTAL BOTE, SÜDWEST PRESSE/NECKAR-
CHRONIK Horb, SÜDWEST PRESSE/DIE NECKARQUELLE Villingen-
Schwenningen, SÜDWEST PRESSE/RUNDSCHAU FÜR DEN SCHWÄBI-
SCHEN WALD/DER KOCHERBOTE Gaildorf, SÜDWEST PRESSE/
SCHWÄBISCHE DONAUZEITUNG Ulm. TAUBER ZEITUNG Bad Mergent-
heim, DER TECKBOTE Kirchheim, ZOLLERN-ALB KURIER Balingen mit
Schmiecha Zeitung Albstadt-Tailfingen

Die Deutsche Bibliothek – CIP-Einheitsaufnahme

Petershagen, Henning:
Die Wahrheit über Deppenhausen : kuriose Ortsnamen in Baden-Württem-
berg / Wolf Henning Petershagen. Mit Zeichn. von Sepp Buchegger. [Hrsg.
von der Südwest-Presse Ulm mit ihren Partnerzeitungen]. - Stuttgart :
Theiss, 1999
ISBN 3-8062-1442-5

Umschlaggestaltung: Jürgen Reichert, Stuttgart, unter Verwendung einer
Zeichnung von Sepp Buchegger

© Konrad Theiss Verlag GmbH, Stuttgart 1999
   Neue Pressegesellschaft mbH & Co KG, Ulm
Alle Rechte vorbehalten
Lektorat: Martin Müller, Ostfildern
Layout: Wolfgang Böse-Lucas
Druck und Bindung: Freiburger Graphische Betriebe
ISBN 3-8062-1442-5

Inhalt

Zum Umgang mit diesem Buch

Dieses Buch enthält die Beiträge zweier Serien, die unter den Titeln „Kuriose Ortsnamen" und „Stadt – Land – Fluß" von Juli 1997 bis August 1999 in der Südwest Presse erschienen sind. Die Beiträge wurden für das Buch redaktionell bearbeitet, thematisch verwandte wurden zusammengefaßt, weniger relevante weggelassen.

Die folgenden 80 Kapitel zu bestimmten, alphabetisch geordneten Orts-, Fluß- und Landschaftsnamen liefern die Erklärungen von weit mehr als nur diesen 80, aber natürlich längst nicht von allen geographischen Namen im deutschen Südwesten.

Wer die Bedeutung eines bestimmten Namens erfahren möchte, suche diesen im Index am Ende des Bandes. Dort wird der Weg zu den Abschnitten gewiesen, in denen sich die Erklärung findet. Ist der gesuchte Name im Index nicht enthalten, bietet das Verzeichnis der Ortsnamen-Bestandteile die Möglichkeit, den Sinn selber zu ergründen – allerdings mit den im Vorwort zu diesem Verzeichnis formulierten Vorbehalten. In diesem Kapitel sind auch die Ortsnamentypen beschrieben.

Wie professionelle Ortsnamenforschung funktioniert, zeigt das Kapitel „Wie man die Ortsnamen knackt" am Beispiel der Arbeit von Dr. Lutz Reichardt, der für das Zustandekommen dieses Buches wertvolle Vorarbeit geleistet hat. Er ist Verfasser von acht Büchern, in denen er die Ortsnamen der Stadt- und Landkreise Esslingen, Stuttgart und Ludwigsburg, Reutlingen, Tübingen, Alb-Donau, Heidenheim, Göppingen, Rems-Murr und des Ostalbkreises analysiert hat. Ende 1998 ist ihm für seine Leistungen auf diesem Gebiet der Schillerpreis der Stadt Marbach zuerkannt worden.

Dank zu sagen ist neben Dr. Lutz Reichardt allen Fach- und Gewährsleuten, Leserinnen und Lesern, Kolleginnen und Kollegen, die mit Auskünften, Rat, Hinweisen und Vorschlägen an den Artikelserien – und damit indirekt am Buch – mitgewirkt haben.

Von A wie Aalen bis
Z wie Zang

Aalen

Unter den Traubenkirschen

Für die Freunde der alten Römer ist es klar: Im Namen der Stadt *Aalen* lebt die Ala Secunda Flavia weiter, die einst dort stationierte Reitertruppe. Doch in Aalen steckt eher der prunus padus.

Wenn die Einheimischen *Aalen* sagen, klingt das *aa* wie das *å* im schwedischen *skål*. Früher, im 14. Jahrhundert, hieß die Siedlung *Aulen*, und in dem Register, in dem der Name erstmals steht, ist er *Alon* geschrieben.

Das war um das Jahr 1136, etwa ein Jahrtausend, nachdem die 1000 römischen Reiter der Ala Secunda Flavia von ihrem Kastell im nachmaligen Aalen aus die Provinz Rätien schützen sollten. Kann es sein, daß sich ein Siedlungsname so lange Zeit hält, ohne daß es eine entsprechende Siedlung gibt, von einzelnen Höfen abgesehen? Besonders wahrscheinlich ist das nicht, doch wollen es die Experten wie der Ortsnamenforscher Lutz Reichardt nicht völlig von der Hand weisen.

In seinem Buch über die Ortsnamen des Ostalbkreises schließt er nicht aus, daß das Substantiv *ala*, was ursprünglich „Flügel" und dann im übertragenen Sinne „Flügel eines Heeres" bedeutete, die Germanen beflügelt hat, es als Flurname für das Gebiet weiterzuverwenden, wo einmal das Kastell gestanden hat.

Es gibt aber noch weitere, etwas habhaftere Deutungsmöglichkeiten. Da wäre zunächst die einfachste aller Lösungen, an die man ob ihrer Schlichtheit gar nicht zu denken wagt: *Aalen*

10

ist der Dativ Plural von *Aal* und bedeutet „Siedlung bei den Aalen."

Rein sprachgeschichtlich wäre diese Lösung so sauber und glatt wie ein Aal im frischen Wasser, der auf lateinisch übrigens *anguilla* heißt. Was Reichardt an dieser Herleitung allerdings nicht so recht schmeckt, ist, daß es keine Vergleichsnamen gibt. Damit wäre ein aalbezogenes Aalen ein Einzelfall.

Es gibt noch eine dritte Möglichkeit, und die scheint den Ortsnamenforschern die wahrscheinlichste. Es gibt nämlich einen Baum, der bis zu 15 Metern hoch wird und der zumindest in den 40er Jahren noch in der Aalener Gegend heimisch war: die gemeine Traubenkirsche (prunus padus), auch Ahlkirsche genannt. Das ist ein Rosengewächs mit großen, elliptisch gesägten Blättern und wohlriechenden weißen Blüten in überhängenden Trauben, das in Mischwäldern oder auf feuchten Böden gedeiht. Früher hieß sie *Ahle* oder *Ale* und hat vielleicht auch dem *Albuch* seinen Namen gegeben, der dann „Ahlenwald" bedeuten würde.

Demnach wäre Aalen der „Ort bei den gemeinen Traubenkirschbäumen", was dem Stadtnamen immerhin eine friedlichere und wohlriechendere Ausstrahlung verliehe als die Reminiszenz an einen Haufen kasernierter Kavalleristen.

Allgäu

Wie das All vor das Gäu kam

Allgäu – mit dem Namen verbindet sich die Vorstellung allumfassender Natur mit muhenden Kühen und grenzenlosen Matten. Dazu mag auch das *All-* in des Wortes erster Hälfte beitragen.

Das Allgäu hat tatsächlich etwas mit Unbegrenztheit zu tun, nicht aber sein Name. Denn das *All* vor dem *Gäu* kommt – im Gegensatz zum kosmischen All – nicht von *alles*, sondern von den benachbarten Alpen.

Albgau, so wurde vom 9. bis zum 13. Jahrhundert das Gebiet genannt, das zwischen den Alpen, der Oberen Argen und der Wertach lag. Mittlerweile ist das Allgäu gewachsen und bezeichnet die nördlichen Alpen und das Alpenvorland zwischen Iller und Lech. Die ursprünglichen Schreibweisen für das Albgau waren recht unterschiedlich: *Albigoi* hieß es anno 839, ein halbens Jahrhundert später *Albegewi* (886) und 990 *Albegowe*.

In diesem Namen stecken, wie unschwer zu erkennen, die Alpen und der Gau bzw. das Gäu. Der Name der Alpen ist steinalt: *Álpeis* hießen sie in der Sprache der alten Griechen und *Alpes* bei den Römern. Griechen und Römer dürften dabei auf ein vorindogermanisches Wort zurückgegriffen haben, das *alb* lautete und „Berg" bedeutete.

Der *Gau* findet sich nach wie vor im heutigen Sprachgebrauch, wobei er im Atomzeitalter eine völlig neue Bedeutung als Abkürzung für den „Größten Anzunehmenden Unfall"

erhalten hat. Was unsere Altvorderen mit *Gau* meinten und was auf germanisch *gawja* hieß, bedeutete zunächst ganz einfach „Gegend".

Inwieweit der Gau zum Begriff für politische und rechtliche Einheiten wurde, darüber streiten sich die Gelehrten so heftig, daß der Beitrag über den Gau im Handwörterbuch zur deutschen Rechtsgeschichte fünfeinhalb Seiten füllt, nach deren Lektüre man immer noch nicht so recht weiß, was denn nun genau unter *Gau* zu verstehen ist. In jedem Falle unterschieden die Germanen ihre Gaue durch Namen. Und so wurde der Gau bei den Alpen eben zum Alpen- bzw. Allgäu.

Das Allgäu ist geprägt durch einen zivilisatorischen Vorgang, der *Vereinödung* heißt. Diese zentrifugale Bewegung hinaus aus den Dorfgrenzen und hinein in die Einöde geht bis ins Mittelalter zurück. Sie hat das Allgäu geprägt, hat zu den charakteristischen zahlreichen Einzelgehöften und kleinen Weilern geführt, die den eingangs erwähnten Eindruck einer allumfassenden Grenzenlosigkeit aufkommen lassen.

Baar

Schranken, Zins und Leichenbrett

Baar mit zwei *a* – das ist auch für solche Augen ungewohnt, die nachts geschlossen sind, wenn die Bars offenstehen. Die Frage ist nun, ob Baar und Bar bar jeglicher Bezuges zueinander sind.

Als der Rechtshistoriker Karl Siegfried Bader sich 1941 in der „Zeitschrift für die Geschichte des Oberrheins" zum Problem der alemannischen Baaren geäußert hat, ging es ihm weder um Trinkstuben noch um Totenbretter, sondern um eine rechtsrelevante Raumbezeichnung.

Die Baaren waren Herrschaftsbezirke, die bestimmten Personen zugewiesen waren. Seit sie vom 8. Jahrhundert an aktenkundig wurden – damals hieß ihre Einzahl noch *para* – waren sie mit Herrschernamen verknüpft: Adalhartespara, Albunespara, Perahtoldespara.

Das letztere war die Bertholdsbaar, welche die heutige Baar – das Hochland zwischen Schwarzwald und Schwäbischer Alb – umfaßt. Die rechtliche Bedeutung dieser Baaren steht bis heute noch nicht fest; das zumindest behauptet das Handwörterbuch der deutschen Rechtsgeschichte. Waren die Baaren dasselbe wie die altalemannischen Gaugrafschaften?

Sie wurden auch schon gedeutet als Grafschaften, welche die Franken nach der Eroberung der alemannischen Gebiete eingerichtet haben. In diesem Zusammenhang wurde der Name *Baar* abgeleitet von dem altfränkischen Wort *barre*, das Schranke – in diesem Falle Gerichtsschranke – bedeutete und den Gerichtsbezirk gemeint haben könnte.

An dieser Stelle wollen wir kurz in die neuzeitliche Bar mit einem *a* wechseln, denn die geht tatsächlich auf jenes *barre* zurück, das in diesem Fall die Schranke zwischen Gast- und Schankraum bezeichnete. An Stelle der Schranke trat ein Tisch zum Steh-Trunk, und schließlich ging das Wort über auf den ganzen Raum.

Auch die Bahre ist schon als möglicher Ursprung der Baar diskutiert worden, wobei ein Zusammenhang zwischen der Leichenliege, dem Erbbegräbnis und dem Erbgut hergestellt wurde. Eine weitere Erklärung zielt unmittelbar auf das Bare: Die Zinseinkünfte, die das Gebiet einbrachte. Denn das althochdeutsche Verb *beran* bedeutet „tragen, hervorbringen" und steckt in *gebären* und auch im *-bar* von fruchtbar, furchtbar, wunderbar...

Allerdings ist hier einzuwenden, daß *bar* im Sinne von *cash* auch eine andere Deutung erfahren hat, nämlich im Sinne von *bloß*, wie wir es von barfuß und barhäuptig kennen. Demnach wäre das Bargeld das offen Daliegende.

Doch halten wir uns lieber an die fruchtbare Version des „Hervorbringens". Dabei muß man nicht nur an Zins und schnöden Mammon denken. Immerhin brachte die Baar schon Neckar und Donau hervor, bevor der Mensch an Bares dachte.

Backnang

Die Weide des Streithammels

Im Stadtwappen von Backnang sollte man eigentlich eine Konditorenmütze oder ein Nudelholz erwarten. Stattdessen finden wir dort Württembergs Geweihstangen und einen Reichsapfel. Das Wappen enthält mithin nichts, was in irgendeiner Form mit der Tätigkeit des Backens zu tun hat. Es enthält auch keine Backe – weder eine vordere noch eine hintere – wie etwa das Wappen von Wangen im Allgäu, das immerhin drei pausbäckige oder -wangige Gesichter zeigt. Wenn Wangen und Backnang dennoch etwas verbindet, dann sind das nicht die Backen, sondern die Wangen.

Um dies zu verstehen, müssen wir uns der Sprachgeschichte widmen: Die älteste Schreibweise von Backnang, die in einer Urkunde aus dem Jahr 1067 nachzulesen ist, lautet *Baccananc*. Sie klingt noch heute nach in der mundartlichen Form *Bágene*. Einer der beiden Bestandteile dieser Bezeichnung ist das althochdeutsche Wort *wang*, das in den zahlreichen Ortsnamen enthalten ist, die *Wangen* lauten oder in denen *-wang* steckt.

Bei solchen Zusammensetzungen ist das Phänomen zu beobachten, daß das *w* im Lauf der Zeit buchstäblich verschluckt wurde. So geschehen mit Humlangen, das eigentlich *Hummelwangen* heißen müßte, bei Botnang, das ein verkürztes *Botenwang* ist, und eben bei Backnang, das irgendwann einmal *Backenwang* geheißen haben dürfte. Das ist – zumindest auf den ersten Blick – eine kuriose Kombination: Daß die *Backen* mit anderen Wörtern vom Schwein bis zum sogenannten Arsch gepaart werden, mag ja noch angehen, aber Backen und Wangen?

Weder sind in diesem Falle Backen im Sinne von Wangen noch Wangen im Sinne von Backen gemeint – auch wenn das bereits erwähnte Wappen des stammverwandten Wangen aus einem Mißverständnis heraus drei Backen zeigt. Denn dieser Ortsname kommt vom althochdeutschen Wort *wang*, das – im Gegensatz zu der Wange – ein Maskulinum ist und „Feld, Wiese, Weide" bedeutet. *Wangen* meint somit „bei den Wiesen".

Das *Back-* aber geht auf einen Personennamen *Bacco* zurück. *Backnang* bedeutet daher „beim Weideland des Bacco". *Bacco* wiederum basiert auf dem althochdeutschen *bagan* (streiten). Insofern könnte man Backnang vielleicht auch etwas freier mit „beim Weideland des Streithammels" übersetzen, woraus natürlich keine nachteiligen Schlüsse über den Backnanger Lokalcharakter gezogen werden dürfen.

Bacco hat übrigens laut Förstemanns Althochdeutschem Namenbuch seine neuhochdeutschen Nachfolger nicht nur in Namen wie *Baack* oder *Bach*, sondern auch in *Bäck* und *Beck*. Die haben demnach – entgegen landläufiger Vorstellung – sowenig mit dem Nudelholz zu tun wie Backnang.

Baden

Baden – eine klare Sache

Baden – der Ursprung dieses Wortes ist klar wie Quellwasser. Hier haben schon die alten Römer gebadet und diesen Ort *Res publica Aquensis* genannt – frei übersetzt: „Stadt Baden".

Aqua heißt bekanntlich „das Wasser"; die Mehrzahl *aquae* bedeutet „Heilquelle, Bad". Hier soll sich schon Kaiser Marcus Aurelius Antonius Caracalla (188–217 n. Chr.), Bauherr der bekannten, nach ihm benannten Thermen in Rom, von seinem Alemannenfeldzug erholt haben, was sich dann in der Ortsbezeichnung *Aurelia Aquensis* niedergeschlagen hat.

Die Deutschen haben *aquae* übersetzt und übernommen. Somit hieß der Ort – in dem für deutsche Ortsbezeichnungen üblichen Dativ – *Badon*, also: „bei den Bädern".

Entsprechendes widerfuhr den gleichnamigen Städten Baden im schweizerischen Aargau, das bei den Römern *Aquae Helveticae* (Helvetische Bäder) und Baden bei Wien, das zur Römerzeit schlicht *Aquae* geheißen hatte. Wiesbaden firmierte bei den Römern noch unter *Aquae Mattiacorum*, Bad der Mattiaker. Dieser Stamm hatte sich von den Chatten, die heute *Hessen* heißen, abgespalten. An die Stelle der Mattiaker traten in der deutschen Version des Ortsnamens die Wiesen.

Auch zu Aachen besteht eine gewisse Verwandtschaft. *Aquae* konnte nämlich ebenso gut mit „bei den Wassern" statt „bei den Bädern" übersetzt werden. Und Wasser hieß auf althochdeutsch *aha* (etwas später dann *ach*), was urverwandt mit *aqua*, von dem wiederum das französische *Aix* stammt.

18

Baden war also ursprünglich die Bezeichnung für einen Ort. Der Zähringer Hermann II. baute hier im 12. Jahrhundert die Burg Hohenbaden und nannte sich fortan Markgraf von Baden. Dieser Name ging auf das von ihm beherrschte Gebiet, die Markgrafschaft über, deren Kerngebiet der nördliche Schwarzwald um Pforzheim, Durlach und Ettlingen war.

So also entstand der Landesname. Wie aber kam die Stadt zu ihrem bemerkenswerten Doppelnamen *Baden-Baden*, dessen Konstruktion unwillkürlich an den Ngoro-Ngoro-Krater in der Serengeti denken läßt? Das hat wiederum mit der Spaltung des Landes anno 1535 in die Gebiete der Markgrafen (von) Baden (zu) Baden und (von) Baden (zu) Durlach zu tun.

Nach der Wiedervereinigung Badens 1771 bürgerte sich der Name *Baden-Baden* für die Stadt ein, die seit 1931 offiziell so heißt.

Bittelschieß

Schießbefehl im wilden Süden?

Es klingt wie die Aufforderung zum finalen Rettungsschuß: *Bittelschieß*! Zwar hat der Name, der an Ordnungshüter, an Pulver und Blei denken läßt, durchaus mit Geschossen zu tun, aber eher mit solchen im Sinne von Etage und weniger mit jenen im Sinne von Munition.

Das Geschoß, egal ob waffen- oder bautechnisch betrachtet, kommt von *schießen*. Von *schießen* wiederum stammt auch der Schuß, ebenso der Ausschuß, Vorschuß oder Nachschuß. Die recht unterschiedlichen Bedeutungen dieser Substantive lassen die Bedeutungsvielfalt des Zeitwortes *schießen* erkennen, von dem auch das Eigenschaftswort *abschüssig* abstammt, das wiederum inhaltlich wenig mit dem Hauptwort *Abschuß* zu tun hat.

Selbst der Schoß kommt von schießen, was die Etymologen damit erklären, daß *Schoß* ursprünglich etwas Dreieckiges oder einen Winkel – kurz: etwas, das hervorschoß, bezeichnete. Andererseits hat *Schoß* auch die Bedeutung von „Saum, Ecke, Zipfel", die uns noch in Gestalt des Rockschoßes geläufig ist.

Damit nähern wir uns allmählich Bittelschieß, das im Landkreis Sigmaringen liegt und in einer Urkunde aus dem Jahr 1083 noch als *Butelsciez* bezeichnet ist. Das *-schieß* hat sich also in den vergangenen neun Jahrhunderten kaum verändert. Auf Mittelhochdeutsch bedeutete es „Giebelseite eines Gebäudes, Bischofsmütze", was ebenfalls wie bei *Schoß* mit der Grundbedeutung „spitzwinkliger Vorsprung" zusammenhängt.

Auch in Professor Hermann Fischers Schwäbischem Wörterbuch ist das inzwischen vergessene Hauptwort *Schiess* erwähnt, das erstens „Giebel" bedeutete und zweitens „steil emporstrebende Fläche" oder „spitzer Winkel". Im zweiten Sinne hat *Schieß* als Bezeichnung für spitzwinklige Wald- oder Flurstücke Eingang in diverse Flur- und Ortsnamen gefunden, etwa in Aichschieß, Hagenschieß oder Ettlenschieß.

Der erste Teil des Ortsnamens hat nichts mit dem Büttel zu tun. Er geht vielmehr auf einen Personennamen zurück – auf den nämlichen, der auch den bemerkenswerten Ortsnamen Beutelreusch geprägt hat: *Butilo*. Bittelschieß ist also „Butilos spitzwinkliges Land" – auch wenn diese Erklärung leider wesentlich langweiliger ist als die auf der Zunge liegende Mißdeutung als Schießbefehl.

Bodensee

Als Politikum bodenlos

Seit gut tausend Jahren grübeln Menschen immer wieder über die Herkunft des Namens *Bodensee* nach. Er ist das Paradebeispiel für historische Einflüsse auf geographische Benennungen.

Wie übersetzt man *Bodensee* ins Englische? Lake of the bottom? Nein: Lake Constance – Konstanzer See. Entsprechendes gilt für das Französische, Italienische, Spanische etc.

Der römische Naturkundler Plinius nannte den Bodensee anno 77 *Lacus Brigantinus* – Bregenzer See. Ein anderer Römer, Pomponius Mela, hatte ein paar Jahrzehnte zuvor in seiner Erdbeschreibung zwei alpine Rheinseen erwähnt, nämlich einen *Lacus Venetus* und *Lacus Acronus*. Der Lacus Venetus – vermutlich der Obersee – könnte nach einem kleinen rätischen Stamm, den Vennoneten, benannt gewesen sein. Für den anderen Teil – vermutlich der Untersee – gibt es keine Erklärung.

Die Erfindung des Begriffs *Schwäbisches Meer* darf Tacitus für sich in Anspruch nehmen, der 98 n. Chr. auf ein *Suebicum mare* hinwies. Er hatte damit allerdings die Ostsee gemeint, weil die Schwaben damals noch dort oben wohnten. Doch später, nach deren Umzug in den Süden, wurde der Begriff auf den Bodensee übertragen.

Neben dem Schwäbischen Meer kursierte auch ein Alemannischer See. Caesar hatte nämlich 52 v. Chr. in seinem bellum Gallicum einen *Lacus Lemannus* beschrieben, womit er zweifellos den Genfer See meinte, der heute noch *Lac Léman* heißt. Doch spätere Interpreten deuteten dieses *Lemannus* als ein verstümmeltes *Alemannus*, wonach jener See den Namen der Alemannen bzw. umgekehrt die Alemannen den Namen dieses Sees getragen hätten. Der Lage nach – wir befinden uns mittlerweise in der Stauferzeit – kam dafür eben nur der Bodensee in Frage, der mithin im Mittelalter ebenfalls als *Lacus Lemannus* bezeichnet wurde.

Warum aber heißt er heute *Bodensee*? Wörtlich genommen haben diesen Begriff nicht nur die Sieben Schwaben, die den See für bodenlos, und die Gebrüder Grimm, die den Boden des durchfließenden Rheins für namengebend hielten. Tatsächlich aber geht die Bezeichnung auf das Dorf Bodman zurück, das unter den Karolingern zur Kaiserpfalz wurde und dessen Namen tatsächlich „auf den Böden" bedeutete. Seit dem 9. Jahrhundert ist der *Lacus Potamicus* verbürgt.

Ob der See nun aber nach den Alemannen, nach dem fränkischen Bodman, nach Konstanz oder sonstwie benannt wurde, hing von den Machtinteressen der weltlichen und geistlichen Herren ab, in deren Dienste die Schreiber der jeweiligen Namen standen. Der Historiker Arno Borst hat dies in seinem Aufsatz „Geschichte eines Wortes" dargestellt. Der ist – ohne die Literaturangaben – 33 Seiten lang, was beweist, wie verzwickt dieser Sachverhalt ist.

Brigach

Was Brigach mit Brigitte vereint

Brigach und Breg bringen zum einen die Donau zuweg. Zum andern fallen sie auf durch die bemerkenswerte Ähnlichkeit ihrer Namen, die im Grunde ein und derselbe sind.

In der Gegend, wo Brigach und Breg aufeinander zufließen, findet man bei näherer Betrachtung ein ganzes Bündel von Siedlungs- und Gewässernamen, die mir *Br* oder *Pr* beginnen und nach dem ersten Vokal ein *g* aufweisen: *Brigach, Breg, Bregenbach, Präg,* so heißen die Gewässer, *Breg, Breghöfe, Bregnitz, Prägenhof,* so die Siedlungen. Eine weitere ist kürzlich ausgegraben worden, eine römische Zivilsiedlung bei Hüfingen, die den keltischen Namen *Brigobanne* trug.

Dem Laien fällt dabei natürlich auch noch Bregenz ein, und der Fachmann – in diesem Falle der Ortsnamenforscher Wolfgang Kleiber – hat eine Karte mit geographischen Namen des Voralpenraums zusammengestellt, deren gemeinsame Wurzel das gallische Wort *briga* (Berg, Bergfluß) ist. Auf dieser Karte erscheinen neben Bregenz auch Brienz, Brig, Brigels, Brail, Brianza, Prien. Andere zählen noch Brixen hinzu.

Briga liegt also sowohl der Brigach wie der Breg zugrunde. Diese Wurzel teilte sich in *Brigina,* woraus die Brigach entsprang, und *Brigana,* woraus die Breg wurde. Während die Brigana im Lauf der Zeit hinten etwas verlor und so zur Breg zusammenschrumpfte, hat die vorübergehend zur *Brigen* verminderte Brigina im 16. Jahrhundert den Anhang *-ach* hinzugewonnen. Dieses Anhängsel ist germanischen Ursprungs, bedeu-

24

tet „fließendes Wasser" und ist verwandt mit dem lateinischen *aqua* (Wasser).

Die Häufung von Namen um Brigach und Breg, die mit diesen Gewässerbezeichnungen verwandt sind, drückt aus, was der dortigen Geographie entspricht, nämlich daß die Landschaft hoch gelegen ist.

Allerdings mag man sich zurecht fragen, wie Bregenz, das auf schwäbischer Meereshöhe liegt, diesen Namen erhalten hat, der doch eine Höhenlage signalisiert. Die Forscher haben das bereits geklärt: Die Ach, die durch Bregenz fließt, hieß noch im 13. Jahrhundert *Bregenze*, und dieser Namen rührt wohl von der hochgelegenen Flur, auf der sie entspringt und die heute noch unter diesem Namen in die topographischen Karten eingetragen ist.

Abschließend sei noch auf weitere Verwandtschaften hingewiesen: Gelände-Höhen heißen auf gut deutsch *Berge*, auf diesen stehen oft *Burgen*, und beide sind mit dem keltischen *brig* verwandt; ebenso der Name *Brigitte*, wobei der nicht den Hügelreichtum seiner Trägerin andeuten soll. Vielmehr kündet er ausschließlich von charakterlicher Erhabenheit.

Brunzenberg

Ziemlich mißverständlich

Wie weiter unten im Kapitel über *Siehdichfür* noch zu erörtern sein wird, gibt es „imperativische" Ortsnamen, Namen also, die einen Befehl oder eine Aufforderung enthalten. Zu dieser Kategorie gehört das hohenlohische *Brunzenberg* entgegen allen anderslautenden und bösartigen Behauptungen nicht.

Es wird endlich Zeit, daß dieses Dorf wie alle ähnlich benannten, die es bundesweit gibt, vor Mißdeutungen bewahrt wird. Für die Benennung von Brunzenberg, Brunsen, Brunshausen, Brunsleberfeld, Brunstorf usw. sind keine Tätigkeiten aus dem Bereich des menschlichen Stoffwechsels ausschlaggebend gewesen. Vielmehr standen auch in diesen Fällen Menschen Pate, denen eines gemein war: Sie hießen Bruno oder so ähnlich.

Bruno wiederum bedeutet „der Braune". Das *z* in *Brunzenberg* rührt vom Rufnamen *Brunizo*, das wohl als Koseform von Bruno zu betrachten ist und somit ins Neuschwäbische mit *Brunole* zu übersetzen wäre. Also könnte der Ort auch weniger zweideutig *Brunolesberg* heißen.

-berg oder *-burg*? Das ist die Frage. Denn der Unterschied zwischen Burg und Berg war im Mittelalter fließend. Während man sich heute unter Berg eine deutliche Anhöhe vorstellt, war früher damit ein Höhenunterschied gemeint, der so drastisch nicht zu sein brauchte.

Die relative Höhe also war wichtig, was erklärt, daß mancher Ort, der ein *-berg* im Namen führt, keineswegs auf einem

richtigen Berg liegt. Und die Austauschbarkeit von *-burg* und *-berg* zeigt sich an den Beispielen von Nürnberg und Bamberg, wo der Name jeweils auf die Burg und nicht auf die Topographie gemünzt war.

Vielleicht könnte *Brunzenberg* somit auch die „Burg des Brunizo" bezeichnet haben, die vielleicht einmal im *Frankenhardt*, dem „Wald der Franken", gestanden hat.

Calw

Von der Nagold nach Afrika

Man schreibt es *Calw*, aber gesprochen wird es *Kalb*. „Wie Junges von la vache", so soll ein Einheimischer die korrekte Aussprache einmal einem französischen Besatzungsoffizier erklärt haben.

Anno 1075 wurde der Name der heutigen, an der Nagold gelegenen Stadt *Chalawa* und *Calwa* geschrieben. Das althochdeutsche Wort *chalo* ist das heutige *kahl*, und *chalewa stat* bedeutete „bei der kahlen Stelle". Damit wird wohl der Platz bezeichnet worden sein, auf dem Calw entstanden ist. Die Namen der Städte Calbe an der Saale und Kalbe an der Milde in der Altmark werden ebenso erklärt. Nur wurde dort die Schreibweise der Aussprache angepaßt.

Der Name *Calw* wurde auch schon mit dem Kalvarienberg in Verbindung gebracht. Das ist historisch falsch, aber philologisch besteht möglicherweise eine Verwandtschaft. Denn *kahl* geht auf ein westgermanisches *kalwa* zurück. Und es ist nicht völlig auszuschließen, daß dieses mit lateinisch *calvus* (kahl) zusammenhängt, das wiederum zu *calva* (Schädel) gehört. Und danach heißt die Stätte der Totenköpfe *calvaria*.

Ziemlich kahl wirkt auch der Name der Stadt *Kahla*, die südlich von Jena an der Saale liegt. Doch die hat vermutlich nichts mit dem germanischen *kalwa* zu tun, sondern eher mit dem altsorbischen *kal*, was „Sumpf" bedeutet. Daraus wiederum ergibt sich eine Verwandtschaft mit der Stadt Kalawa in der Niederlausitz, die auch den deutschen Namen *Calau* trägt. Sie gilt als

Brutstätte des Kalauers, woran jedoch Zweifel angemeldet werden dürfen.

Dieses Synonym für den eher flachen Wortwitz ist wohl herzuleiten vom französischen *calembour* (Wortspiel). Daß diese Vokabel mit der Bezeichnung für die ehrbaren Bürger von Calau verschmolzen wurde, könnte an der dort traditionellen Stiefel-Herstellung liegen und daran, daß die Schusterknechte als sprachlich nicht übermäßig kompetent galten. *Kalauer* wurde zunächst zur spöttischen Anrede für Schustergesellen und mutierte schließlich zur jetzigen Bedeutung.

Ein Kalauer im heutigen Sinne wäre, bei *Calw*, das alle, außer den Calwern, *Kalf* aussprechen, an *Kaff* zu denken. Das entbehrte allein schon rein sprachgeschichtlich jeder Grundlage, denn *Kaff* im Sinne von „elendes Nest" stammt aus der Jaunersprache Rotwelsch und hat wiederum zwei Wurzeln: das Romani-Wort *gaw* (Dorf) und das westjiddische *kefar*, von hebräisch *kafar*, das ebenfalls Dorf bedeutet. Daher stammt auch der *Kaffer* im Sinne von „dummer Kerl".

Der ist jedoch – um das auch noch abschließend zu klären – weder verwandt noch verschwägert mit den Angehörigen jenes afrikanischen Stammes, der von den Spaniern mit dem Attribut *cafre* versehen wurde. Denn das geht auf arabisch *kafir* (ungläubig) zurück.

Cannstatt

Schankstätte nur zur Wasen-Saison

Bad Cannstatt hat ein „sprechendes" Wappen: Es zeigt eine Kanne und will damit sagen, daß *Cannstatt* etwas mit Trink- bzw. Schank-Gefäßen zu tun hat. Das stimmt jedoch nur zur Wasen-Saison.

Klar ist, daß Cannstatt nicht die Stätte der Kannen ist. Daran ändert auch die alte Sage nichts, wonach die Stadt dort gebaut wurde, wo eine Wirtschaft „Zur Schenkkanne" mit einer ebensolchen im Schild am Ufer des Neckars gestanden hatte.

Klar ist auch, daß das *-statt* von dem gleichlautenden althochdeutschen Wort für *(Wohn-)Stätte* kommt. Unklar ist jedoch, woher das *Cann-* kommt. Ist es keltischen oder germanischen Ursprungs? Darüber haben sich die Gelehrten gestritten, ohne daß diese Frage jedoch bis heute zweifelsfrei geklärt wäre.

Die germanische Variante wäre relativ einfach: Hier würde wieder einmal der Name eines Ortsgründers zugrundeliegen, der *Kant* oder *Canto* geheißen hat. Über Cantesstatt wäre dann Cannstatt entstanden.

Der keltischen Variante läge ein Ortsname *Condate* zugrunde, der „Zusammenfluß zweier Flüsse" bedeutet und den es mehrfach gegeben hat. Auf diesen Namen könnte auch Koblenz zurückgehen, wobei hier eine lateinische Zwischenstufe eingeschoben ist: *confluentes* (die Zusammenfließenden). Das könnte eine lateinische Lehnsübersetzung des ursprünglich keltischen *Condate* sein.

Doch zurück zum Zusammenfluß von Neckar und Nesenbach und dem Ursprung des Namens *Cannstatt*: Die sprachwissenschaftliche Untersuchung beider Varianten führt zum Ergebnis, daß sowohl die germanische Herleitung problemlos möglich wie auch die keltische These hieb- und stichfest ist.

Allerdings muß man sich natürlich fragen, ob ausgerechnet die ziemlich undramatische Verschmelzung des eher mageren Nesenbaches mit dem Neckar den Grund für eine Benennung im keltischen Sinne geliefert hat. In Koblenz fließen immerhin Rhein und Mosel zusammen und etwas weiter rheinaufwärts der Hochrhein und die Aare.

Doch vielleicht war ja Genügsamkeit bereits ein Charakteristikum für die Bewohner dieses Landstriches, lange bevor die Schwaben bis hierher vorgedrungen sind.

Crailsheim

Der Name mit dem Haken

Wen oder was hat der Ort Crailsheim beheimatet, wovon ihm der Name geblieben ist? Ob Person oder Gegenstand: Die Sache hat in jedem Falle einen Haken.

Der Name der Stadt Crailsheim an der Jagst wurde anno 1136 noch *Crowelesheim* geschrieben. Der Ort könnte mithin von einem Menschen namens *Krowel* gegründet worden sein. Das ist im wahrsten Sinne ein Spitzname. So schreibt Josef Karlmann Brechenmacher in seinem Buch über die Familiennamen, *Kreu(e)l* komme vom mittelhochdeutschen Wort *kröuwel*, das eine Gabel mit hakenförmigen Spitzen oder Haken zum Packen und Zerren bezeichne. Allerdings leite sich der Übername wohl kaum von einem Mann ab, der mit solchem Gerät hantiere; dazu sei der Name zu alt, zu verbreitet, zu vielförmig und der Begriff des Werkzeugs selbst zu unbestimmt. Vielmehr ziele der Name auf den „geistigen Habitus": Er bezeichne einen Mann, „der etwas Spitziges im Wesen hat, [...] der leicht in Zorn ausbricht und dann schroff, rauh, hart wird, ein rücksichtslos durchgreifender Mensch".

Demzufolge wäre mit dem Ortsgründer nicht allzugut Kirschen essen gewesen. Doch es gibt ja auch noch die Vermutung, daß der Name der Stadt Crailsheim gar nicht auf eine Person, sondern auf den Krail, Kräuel oder Krähl als solchen zurückgeht, den der Brockhaus von 1908 unter Gartengeräten führt. Das Althochdeutsche Wörterbuch ist da noch präziser. Es übersetzt *krewil* oder *krauwil* als „dreizinkige Gabel, Dreizack".

Von dieser Annahme scheinen die Gestalter des schon um 1310 verwendeten Crailsheimer Stadtsiegels ausgegangen zu sein. Das nämlich zeigt drei Kraile mit jeweils drei hintereinandersitzenden Haken. Die hingen als Kesselhaken von der Decke herab und erlaubten, die Kochkessel in unterschiedlicher Höhe über dem offenen Feuer aufzuhängen. Doch ist eher unwahrscheinlich, daß jemand einen Ort nach diesem Küchengerät benannt hat.

Eine besonders bestechende Verbindung zwischen dem Personennamen und jenem Stück Eisen hat Sigmund Freiherr von Crailsheim in seiner 1905 erschienenen „Geschichte der Reichsfreiherrn von Crailsheim" hergestellt. Auch er führt den Ortsnamen auf einen Menschen – einen Ahnherren seiner Familie – zurück, der deswegen so bezeichnet worden sein könnte, weil er den Kräuel im Kampf und auf der Jagd besonders geschickt als Waffe einzusetzen wußte.

Wenn wir schon bei den Haken sind: Das nicht allzuweit entfernte Gaildorf hat ebenfalls welche im Wappen, die allerdings eindeutig als Flößerhaken zu identifizieren sind. Sie erinnern an die früher übliche Flößerei auf dem Kocher. Das heißt, diese Haken haben – im Gegensatz zu Crailsheim und seinen drei Krailen – überhaupt nichts mit dem gerne mißdeuteten Gaildorfer Ortsnamen zu tun. Der geht nämlich auf einen Gründer zurück, der den Übernamen *Gail* trug. Ein Schelm, wer Schlechtes dabei denkt: Das bedeutete damals einfach nur „fröhlicher Geselle". Ohne alle Ösen und Haken.

Däfern

Im Anfang war die Kneipe

Däfern klingt eher wie ein Zeitwort denn wie ein Ortsname: Ich däfere, du däferst, er / sie / es däfert etc. Besonders viel Sinn scheint hinter dem Namen jenes Ortsteils der Gemeinde Auenwald im Rems-Murr-Kreis nicht zu stecken, doch diese Annahme erweist sich natürlich als Irrtum.

In *Däfern* steckt die Taverne. Doch Vorsicht: Das bekanntermaßen aus dem Lateinischen stammende Wort bedeutet nicht, daß hier bereits die alten Römer gezecht haben. Die Taverne, die dem seit 1495 als *Tefern*, *Täffern* oder *Deffern* bezeugten Ort zugrundeliegt, zog als Lehnwort aus dem Italienischen ins Mittelhochdeutsche ein.

Als Ortsname ist die Taverne zweimal in die deutschen Lande eingewandert; zum ersten Male tatsächlich mit den Römern. Die nach deren *taverna* – das war die Krämerbude, Schänke oder Kneipe – benannten Flecken waren noch vor der Lautverschiebung gegründet worden, während welcher das *t* zum *z* mutierte. Dieser Wandel hat sich in den *Zabern*-Namen Rheinzabern und Bad Bergzabern niedergeschlagen.

Ein sehr fröhlicher Ort scheint das französische Saverne gewesen zu sein, das ursprünglich *tres tabernae*, also „drei Kneipen", hieß. Die Römer haben aber nicht nur in Gallien gastronomische Aktivitäten entfaltet, sondern auch auf der iberischen Halbinsel, etwa in Tavernes de la Valldigna, Tavernes Blanques (weiße Wirtschaft), Tavèrnoles, Tabernanova (neue Kneipe), Ses Tavernes (sechs Kneipen) und wie die Orte sonst noch alle heißen.

34

Doch zurück nach Däfern und damit ins Mittelalter: Die *Tafern* war ein fester Begriff, zu dem Johann Andreas Schmeller in seinem Bayerischen Wörterbuch vermerkt: „Es übten in älteren Zeiten die Herren des Landes, Fürsten, Klöster, Edelleute und Städte allein das Recht, an ihre Unterthanen Wein oder Bier auszuschenken, d.h. Tafernen zu halten, die sie entweder durch eigene Diener (Tafernäre, Taferner) betrieben oder Andern in Pacht gaben."

Der Ortsname war also Omen, der Gast wußte, was ihn erwartete. Und heute? Die letzten paar Jahre war die gastronomische Szene Däferns verwaist. Doch inzwischen soll dort wieder eine Gastwirtschaft dem Namen des Dorfes alle Ehre machen.

Deppenhausen

Alternative „Dagobertshausen"

Die Namen mancher Orte können für deren Bewohner zur Strafe werden. Ein solcher Ort ist *Deppenhausen* im Alb-Donau-Kreis.

Manche Deppenhausener sollen schon ausgewandert sein, weil sie die diesbezüglichen Hänseleien satt hatten. Mindestens zweimal im Jahr werden die Ortsschilder geklaut, und Reisebusse entleeren sich am Ortseingang, weil sich die Touristen mit dem Schild ablichten lassen wollen.

Was haben sich die Gründer des Ortes wohl gedacht, als sie ihre Siedlung tauften? Die Antwort ist einfach: nichts Schlimmes. Sie taten das, was landauf landab zur Zeit der Merowinger bei derlei Gründungen üblich war: Sie benannten ihren neuen Ort vermutlich nach ihrem Häuptling.

Ob der ein Depp war, ist heute nicht mehr feststellbar. Doch nicht sein geistiger oder charakterlicher Zustand war für die Namengebung ausschlaggebend, sondern sein Eigenname. Und der dürfte *Tappo* gelautet haben.

Das *-hausen* ist typisch für Ortsbenennungen während des fränkischen Landesausbaus. Es ist ein alter Dativ-Plural und bedeutet „bei den Häusern". Somit heißt *Deppenhausen* nichts anderes als „Siedlung des Tappo".

Was aber bedeutet der Name *Tappo*? Es dürfte sich um eine Kurzform des Namens *Dagobert* handeln, der eine Lichtgestalt bezeichnet. So hat ein König geheißen, der von 629 bis 639 das Frankenreich regierte, doch so richtig populär wurde dieser

Name erst im 20. Jahrhundert, nachdem die Disney-Übersetzerin Dr. Erika Fuchs den Entenhausener Geizkragen *Scrooge McDuck* im Deutschen auf *Dagobert* taufte.

So betrachtet, könnte man Deppenhausen ohne weiteres in *Dagobertshausen* umbenennen. Und Disney würde vielleicht sogar die neuen Ortsschilder sponsern.

Donau

Weiblich durch Mißverständnis

Die Donau fließt 2850 Kilometer weit durch Europa und fast ebenso viele Jahre lang durch die europäische Geschichte. Als Hesiod um 700 v. Chr. über sie berichtete, nannte er sie *Ister*.

Donau: Man benötigt kein übermäßig scharfes Auge, um beim Blick auf die europäische Landkarte eine auffällige Häufung des Anfangsbuchstabens *D* unter den größten Flüssen des Kontinents festzustellen. Diesem *D* folgt entweder unmittelbar oder nach einem Vokal ein *n*: Donau, Don, Dnjeper, Dnjester. Auch in Großbritannien gibt es Flüsse namens Don, Doon, Doone und Donwy, die allerdings nicht annähernd das Format ihrer kontinentalen Namensvettern erreichen.

Der Schein trügt nicht: Wie die Sprachwissenschaftler herausgefunden haben, gibt es in der Tat eine uralte Verwandtschaft zwischen all diesen Namen. Sie wurzeln in der indogermanischen Silbe *da-*, die etwas Flüssiges, Fließendes beschrieb. Sie steckt in der altindischen Vokabel *danu* (Flüssigkeit, Tropfen), in dem altpersischen Wort *danu* (Fluß, Strom) und in dem ossetischen Substantiv *don* (Wasser, Fluß).

Sowohl der russische Don als auch die Donau gehen auf ein indogermanisches *Daneuios* zurück, das, wie die Endung verrät, männlich ist. Hingegen entspringen die verwandten Namen der oben genannten britischen Flüsse einer weiblichen indogermanischen Form, *Daneuia*. Aus diesem kleinen Unterschied im grammatikalischen Geschlecht schließen die Spezialisten, daß der Name auf Zeiten vor den Kelten und Germanen zurückgeht.

Aus dem (männlichen) Daneuios wurde der schon von Caesar so genannte Danuvius, und weil die alten Römer im ersten Jahrhundert nach Christus dazu übergingen, das *v* wie ein *b* zu sprechen, wurde aus Danuvius ein Danubius – immer noch männlich.

Die Donau wurde erst in der deutschen Sprache und aufgrund eines Mißverständnisses weiblich. Denn als der Flußname seine althochdeutsche Form *Tuonouwe* angenommen hatte, wurde die Endung *ouwe* als das gleichlautende Wort aufgefaßt, das heute *Au* heißt. Donau schien somit die „Au des Don" zu sein, kurz: die Don-Au. Und beim *Die* ist es dann geblieben.

Nun war eingangs davon die Rede, daß das älteste Zeugnis über die Donau vom Griechen Hesiod stammt, der den Fluß allerdings nur *Ister* nannte. Dieser Name galt genaugenommen nur für den Unterlauf der Donau, die später vom römischen Dichter Ovid daher zurecht als der *zweinamige Fluß* besungen wurde.

Übrigens hat auch der Name *Ister* viele Vettern, nämlich aus der Wurzel *is-* (sich schnell bewegen). Und diese Verwandtschaft, unter anderem mit Isar und Isère, werden wir im Kapitel über Isny näher kennenlernen.

Ellwangen

Die Begegnung mit dem Elch

Elche kennen wir heute nur noch aus den nördlichen Ländern, wo Autos eigens getestet werden, ob sie für die Begegnung mit solchen Riesensäugern gewappnet sind.

Die Begegnung mit einem Elch war es angeblich auch, die für den Namen der Stadt Ellwangen den Anlaß geboten haben soll. So zumindest berichtet der Mönch Ermenrich in der Lebensbeschreibung des Hariolf, der anno 764 zusammen mit seinem Bruder Erlolf in Ellwangen das erste Benediktinerkloster im Gebiet des heutigen Württemberg gegründet hat. Auf der Jagd hätten Hariolf und seine Freunde einen Elch gefangen, wonach der Ort *Elehenfanc* genannt worden sei.

Elche in den Schwäbisch-Fränkischen Waldbergen? Das nahe bei Ellwangen gelegene Ellenberg hat sogar einen Elch im Ortswappen. Doch da diese Siedlung vermutlich von Ellwangen aus gegründet wurde, dürfte Ellenberg ganz einfach nach Ellwangen benannt worden sein, etwa *Elhen(wang)berg*.

Zu *Ellwangen* läßt sich mit Gewißheit sagen, daß das *-wangen* nichts mit *fangen* zu tun hat, wie der klösterliche Chronikschreiber gemeint hat. Es handelt sich vielmehr um das alte Wort *wang*, das ein Feld, eine Wiese oder Weide bezeichnet. Ist Ellwangen also die „Siedlung bei der Elchwiese"?

Kann sein, kann aber auch nicht sein. Es dürfte sich eher um die „Siedlung beim Weideland des Alaho" gehandelt haben, denn es gibt in der näheren Umgebung eine Reihe von *-wang*-Namen, die mit Personennamen gebildet sind – wozu auch Mutlangen (von Muoto), Metlangen (von Mato), Geiselwang (von Gisilo) und Dauerwang (von Turo) gehören.

Dennoch sind Elche in Ortsnamen nicht völlig auszuschließen. Laut Förstemanns Altdeutschem Namenbuch standen sie für bayerische Dörfer namens Ellbach oder Elbach Pate. Sollte der Elch jedoch tatsächlich auch für Ellwangen namengebend gewesen sein, dann sicher nicht in dem Sinne, daß seinesgleichen auf der so benannten Wiese friedlich zu äsen pflegte, wie etwa Ochse oder Stier, nach deren Weiden Ochsenwang im Landkreis Esslingen und Humlangen im Alb-Donau-Kreis benannt sind.

Humlangen? Richtig gelesen: Darin steckt *der* Hummel oder Hummeler, wie man auf schwäbisch den Zuchtstier zu nennen pflegte. Natürlich könnte man auch eine Wiese für die gleichnamige honigsaugende und dicht behaarte Insektenart annehmen, was aber mit Blick nach *Ochsenwang* und infolge vergeblicher Suche nach *Bienenwang* weniger wahrscheinlich ist. Oder sollte – wie in Ellwangen – auch hier eine Person im Spiel gewesen sein? Immerhin gibt es in Deutschlands Norden eine Kommune namens *Hummelsbüttel*, die auf einen Gründer namens Hunmar zurückgeführt wird. (Die Endung *-büttel* kommt aus dem Altsächsischen und bedeutet Wohnstätte.)

Während Namen wie *Ochsenwang* und *Humlangen* auf das Grasen von Ochsen oder Zuchtstieren zurückgehen, das zu beobachten nicht sehr aufregend war, so zählen Ortsnamen, in denen irgend ein Wildtier auftaucht – etwa der Hirsch oder der Auerochse (Ur) – zu den „Ereignisnamen". Sie beziehen sich auf eine unerwartete Begegnung jener Art, wie sie der Mönch Ermenrich geschildert hat und derentwegen skandinavische Autoprüfer den Elchtest erfunden haben. *Urach* beispielsweise bedeutet frei übersetzt „der Bach, wo ich den Auerochsen traf" – nicht zu verwechseln übrigens mit Ursprung, wo ganz einfach die Lone ihren Ursprung hat.

Doch damit wollen wir die Ochsentour vom Elch zum Ur abbrechen, bevor noch jemand ins Schleudern gerät.

Frauenzimmern

Ein Hauch von Harem?

„Gibt's da auch Männer?" Mit dieser bangen Frage reagierte der kleine Sohn eines Kollegen auf den Anblick des Ortsschildes, als der Vater sein Fahrzeug durch Frauenzimmern lenkte.

Der Ausgewogenheit halber sei darauf hingewiesen, daß es neben *Frauenzimmern* auch *Herrenzimmern* gibt. Die Anhängerinnen jener Bewegung, welche die Anrede *Frau* durch *Dame* ersetzen wollen, müssen allerdings enttäuscht werden: Ein *Damenzimmern* scheint es nicht zu geben, ebensowenig ein *Männerzimmern*.

Das mag daran liegen, daß das alte Pendant zu *Herr* eben *Frau* war, und das zum *Mann* das *Weib*. Ein *Weiberzimmern* gibt es übrigens auch nicht. Dafür gibt es das neutrale *Zimmern* als solches ebenso wie Dörrenzimmern, Dürrenzimmern, Wüsten- und allen möglichen anderen -zimmern.

Nun ist ein Zimmer der Teil einer Wohnung, die Wohnung Teil eines Hauses und das Haus Teil einer Siedlung. Was hat unsere Altvorderen veranlaßt, ihren Dörfern den Namen der kleinstmöglichen Wohneinheit zu verpassen?

Zimmer kommt von althochdeutsch *zimbar*, und dieses Wort bezeichnete nicht nur den Wohnraum, sondern auch das Bauholz. Daß dieses für manchen Ort namengebend wurde, ist ein Hinweis darauf, daß dort aus Balken und Bohlen errichtete Blockbauten standen, die sich von den weniger massiven Fachwerkbauten des Mittelalters unterschieden. Das *-n* am Ende bezeichnet den Dativ; *Zimmern* bedeutete somit „bei den Blockhäusern".

Wer nun *Frauenzimmern* vorschnell mit „bei den Frauenhäusern" übersetzen möchte und hinter der Siedlung jenes Namens ein früheres Sodom und Gomorrha wittert, liegt falsch. Das Gegenteil war der Fall: Mit den *Frauen* sind wohl die Zisterzienserinnen gemeint, die 1245 ihr Kloster hierher verlegten.

Verweilen wir, nachdem der Ortsname nun hinreichend gedeutet ist, noch einen Augenblick bei den Frauenzimmern als solchen: Wie kommt es eigentlich, daß Frauen derart bezeichnet werden?

Ursprünglich war mit *vrouwenzimmer* tatsächlich der Wohnraum der Frau – in diesem Falle der Fürstin – gemeint. Dann übertrug sich die Bedeutung auf das Gefolge, das sich dort aufhielt. Vergleichbares geschah mit dem Wort *Harem*, das ursprünglich ebenfalls nur bestimmte Räume meinte, dann aber auf die Bewohnerinnen übertragen wurde und heute gar die Bedeutung von Vielweiberei erlangt hat. Doch damit haben wir uns vielleicht doch etwas zu weit von Frauenzimmern im Verwaltungsraum Güglingen entfernt.

Grab

Keineswegs Endstation

In *Grab* zu wohnen, ist sicher nicht jedermanns Sache, denn die Adresse hat etwas ziemlich Endgültiges an sich. Doch die etwa 600-köpfige Einwohnerschaft des Dorfes im Rems-Murr-Kreis sei recht lebendig, so versichern Ortskundige. Schließlich leitet sich der Name ihres Dorfes auch nicht her von der Endstation des Erdendaseins, sondern von *Graben*.

Dieser Graben, auf den sich der zum Ortsnamen gewordene Flurname bezieht, wird von den Historikern als „obergermanischer Limes" bezeichnet. Um etwa 150 n.Chr. hatten die Römer ihre Grenze vom Neckar weg verlegt, um sie weiter östlich entlang der Linie Öhringen – Murrhardt – Welzheim mit Wall, Graben und Wachtürmen zu befestigen.

Noch heute sind Spuren von jenen Wällen und Gräben an manchen Stellen deutlich zu sehen, auch auf der Gemarkung von Grab. Das hieß in älteren Urkunden noch *Grabe(n)*, was weniger tödlich klingt als die heutige Version. Eine älteste Form aus dem 13. Jahrhundert lautet *Graben* und eine aus dem Jahr 1471 *Grabe*.

Daß uralte Festungsgräben namengebend waren für Orte, die erst Jahrhunderte später gegründet worden sind, zeigt auch das Beispiel Grabenstetten. Diese Gemeinde, die etwa 20 Kilometer von Reutlingen entfernt ist, liegt auf einer Hochfläche der Schwäbischen Alb wie auf einer Halbinsel, die ins tiefer gelegene Umland ragt und nach drei Seiten steil abfällt. Dieses leicht zu verteidigende Gebiet ist nur durch einen schmalen Hals mit

der Alb verbunden. An dieser Stelle haben die Kelten, welche das Plateau besiedelten, im zweiten Jahrhundert v. Chr. eine Verteidigungslinie gezogen. Die gehört neben den anderen Gräben des Oppidums zu den noch immer hervorragend sichtbaren Beispielen keltischer Befestigungswerke.

Diese Wallanlagen sind bekannt als *Heidengraben*, wobei dieser Name das Bewußtsein widerspiegelt, daß die Wälle in vorchristlicher Zeit erbaut wurden. Und die bei diesen Gräben gegründete Siedlung wurde naheliegenderweise *Grabenstetten* genannt.

Für alle, die gerne in der Geschichte graben, scheinen *grab*haltige Ortsnamen jedenfalls ein ergiebiger Boden zu sein.

Gruorn

Geknurre statt Grunzlaut

Gruorn ist ein Geisterdorf: Ein Hinweisschild kündet noch von jenem Ort, den es nicht mehr gibt. Und jährlich zu Pfingsten pilgern alte *Gruolerner* in die Richtung, die jenes Schild zeigt.

Gruorn – das ist ein grollender Grunzlaut, unter dem sich niemand etwas Konkretes vorstellen kann. Auch das Dorf Gruorn als solches ist kaum mehr etwas Konkretes, denn 1937 wurde die damals 665 Seelen zählende Gemeinde bei Münsingen aufgelöst: Das Dorf fiel der Erweiterung des Truppenübungsplatzes zum Opfer, der 1895 eingerichtet worden war. Jedes Jahr am Pfingstsonntag erhalten die noch lebenden Gruolerner und ihre Freunde die Genehmigung, im militärischen Sperrbezirk ihr altes Dorf und was noch davon übrig bzw. wieder aufgebaut ist, zu besuchen.

Damit ist bereits ein Phänomen angesprochen, nämlich daß die Bewohner von Gruorn *Gruolerner* hießen, was wiederum damit zusammenhängt, daß auch das Dorf selber bei den Bewohnern und Nachbarn nicht *Gruorn*, sondern *Gruol* genannt wurde. Das geht schließlich leichter über Zunge und Lippen als die offizielle Schreibweise – die allerdings die historisch verbürgte ist: In den ältesten, allerdings nicht hundertprozentig sicheren Quellen, etwa aus dem 10. Jahrhundert, ist von *Gruoren* die Rede, und noch 1680 wurde der Ort *Gruorn* geschrieben. Doch was bedeutet jener urige Name?

Es besteht ein Zusammenhang zwischen der geographischen Lage des Dorfes, das am Rande des Münsinger Harts liegt, und seiner Bezeichnung: Es hat im Mittelhochdeutschen das längst vergessene Substantiv *ruore* gegeben, das auch im *Aufruhr* steckt. Die Hunde *ze ruore lân* bedeutete, sie zur Hatz auf das Wild loszulassen; im Schwäbischen ist noch 1609 das Wort *Ruhrhund* für eine Art Jagdhund nachweisbar.

So wie aus dem *Mus* der Sammelbegriff *Gemüse* wurde, bildete sich zu *ruore* die kollektive Erweiterung *das Geruore*, und mit der bei Ortsnamen üblichen Dativ-Endung *-n* wurde daraus dann *Gruorn*. Reichardt deutet diesen Namen daher als „Ort, wo die Meute der Jagdhunde gehalten wird". Und so verwandelt sich im Lichte der Sprachforschung der vermeintliche grimmige Urlaut zum jagdlüsternen Hundegeknurr.

Hannober

Mit b und ohne Leine

Ha no! Hannober in Oberschwaben? In der Tat: Das gibt es, und zwar im Landkreis Ravensburg. Hannober ist ein Teilort der Gemeinde Waldburg.

Wie kommt ein Ort im oberdeutschen Südwesten eigentlich zu einem Namen, dessen Ursprung eher im niederdeutschen Norden zu suchen ist? Um nicht lange darum herumzureden: Die Antwort scheint niemand zu wissen. Zumindest haben alle konsultierten Heimatkundler, Archivare und Bibliothekare auf die Frage nach dem Hintergrund jener Ortsbenennung passen müssen und auch in der einschlägigen Literatur keine Hinweise gefunden.

Hannober: Daß es sich hierbei um ein Haus mit sechs Einwohnern handle, meldet die Beschreibung des Oberamts Ravensburg, die Ober-Finanzrat v. Memminger 1836 verfaßt hat. Einem Heimatbuch über Waldburg ist immerhin zu entnehmen, daß Hannober bis 1829 „aus einem Einzelhof (Wirtschaft)" bestanden hat. Doch über das Alter dieses Hofes finden sich keine Angaben.

Man kann also nur spekulieren: Hat ein Sohn der berühmteren niedersächsischen Landeshauptstadt hier die Finger im Spiel gehabt? Oder hat der Ort gar irgendetwas mit dem Fürstenhaus Hannover zu tun, das bekanntlich nicht nur eine Reihe deutscher Kurfürsten, sondern von 1714 bis 1837 auch die englischen Könige namens Georg (vom Ersten bis zum Vierten) gestellt hat?

Da sich also keine andere Erklärung anbietet als irgendein Bezug zu Hannover, wollen wir verlegenheitshalber eben den Namen jener Stadt am Ufer der Leine näher betrachten. Diese geographische Lage ist der Schlüssel des Verständnisses: Hannover besteht, wie Ortsnamenforscher Dieter Bergers schreibt, aus den mittelniederdeutschen Wörtern *ho* (hoch) und *over* (Ufer) und bedeutet somit „am hohen Ufer". Er verweist auf weitere Ortsnamen mit demselben Sinn wie Hannöver bei Berne in der Wesermarsch und die Elbinsel Hahnöfersand südwestlich von Blankenese. Und er bringt auch noch die englische Stadt Heanor in Derbyshire ins Spiel, die anno 1236 noch Henovere geschrieben wurde und auf altenglisch *hean ofre* zurückgeht, was wiederum „auf dem hohen (Berg)rücken" bedeutet.

Aber das sind alles Orte von jenseits der Mainlinie – weit weg also von Hannober in Oberschwaben.

Härtsfeld

Hartes Land und weiches Harz

Härtsfeld – dieser Landschaftsname und seine Schreibweise dürfte die Rechtschreibreformer entzücken. Denn sie läßt des Wortes karge Wurzel erkennen, die da lautet: *hart*.

„Wer Vater und Mutter net folgt, kommt aufs Härtsfeld." Diesen alten Spruch hat Hermann Fischer in seinem Schwäbischen Wörterbuch überliefert. Dort charakterisiert er diese Gegend auch gleich: „welliges Plateau des oberen weißen Jura, rauh und wenig fruchtbar".

Das im Ostalbkreis gelegene Härtsfeld muß demzufolge früher als ein wenig angenehmer Aufenthaltsort gegolten haben. *Hertfeld* lautet die älteste Schreibung aus dem 11. Jahrhundert, und der Name bedeutet schlicht und einfach „hartes Feld". Das klingt nun furchtbar banal, ist es aber nicht. Denn *hart* hat einen weiteren, heute weitgehend vergessenen Sinn: Im Mittelhochdeutschen hat dieses Wort auch den Bergwald oder einen waldigen Höhenzug bezeichnet.

So bedeutet der häufige Ortsname *Harthausen*, der auch im Ostalbkreis vorkommt, nicht etwa „harte Siedlung", sondern „Siedlung am oder im Wald". Es gibt mehrere Gegenden, welche diesen alten Waldnamen tragen: die Haardt am Ostrand des Pfälzer Waldes, die Haard bei Recklinghausen im Münsterland oder die Hardt bei Ebingen auf der Schwäbischen Alb.

Auch der berühmte Harz, das nördlichste deutsche Mittelgebirge, gehört in diese Reihe. Anno 781 wurde er noch *Hart* geschrieben; das *z* am Ende hat er vermutlich von der Harzburg, die ursprünglich *Hartesburch* – also: Festung im Wald – geheißen hatte. Der Harz hat übrigens nichts mit der gleichnamigen klebrigen Ausscheidung der Bäume zu tun. Dieses *Harz* hat ungewisse Wurzeln, möglicherweise ist es dem Altindischen entlehnt.

Hart im Sinne von Wald steckt auch in Ortsnamen wie *Murrhardt*, der früher jenes Waldgebirge an der Murr bezeichnete, das heute – doppelt gemoppelt – *Murrhardter Wald* heißt. Um den Ausflug in den Wald abzurunden: Auch im Spessart steckt der *hart*, vereint mit althochdeutsch *speht*, der Specht. Spessart bedeutet also „Spechtswald"; das gilt auch für den Spessart bei Ettlingen, Spetzgart bei Überlingen am Bodensee und Spexard bei Gütersloh.

Inzwischen sind viele der Heiden des einstmals kahlen Härtsfelds zum Bedauern der Landschaftsschützer mit Fichten aufgeforstet. Dennoch hat der Name *Härtsfeld* mit diesem Wald nichts zu tun, sondern ausschließlich mit Härte im dürrsten Sinn des Wortes.

Heidenheim

Heide, Heido und Heidenei!

Heidenheim – der Name, so will man meinen, spricht für sich: Heimstätte der Heiden. Das Stadtwappen bestätigt dies und zeigt einen bärtigen solchen. Aber natürlich ist alles wieder ganz anders.

In Heidenheim haben schon im achten bis fünften vorchristlichen Jahrhundert die Kelten gesiedelt, die zwangsläufig Heiden sein mußten, weil das Christentum damals noch nicht erfunden war. Anno 85 n.Chr. rückten andere Heiden an: die alten Römer, welche hier, an ihrem Alb-Limes, zunächst ein Lager, dann ein Kastell und schließlich eine Siedlung bauten. Die gewann im Nordwesten der römischen Provinz Rätien eine gewisse Bedeutung, wie sich an den stattlichen Grabungsfunden im Stadtzentrum ablesen läßt.

Angesichts solch nachhaltigen heidnischen Wirkens liegt es nahe, damit den Ortsnamen zu erklären. Und so teilt die Stadt Heidenheim auch heute noch über Internet der ganzen Welt mit, daß der im 8. Jahrhundert urkundlich erstmals erwähnte Namen „möglicherweise auf die damals noch sichtbaren römischen, d.h. heidnischen Ruinen Bezug nahm".

Doch dieser Erklärung sind schon in der Vergangenheit die Ortsnamenforscher skeptisch gegenübergestanden, und Lutz Reichardt, Verfasser des Ortsnamenbuches für den Landkreis Heidenheim, erklärt diese Deutung rundheraus für falsch. Zum einen, so argumentiert er, sei die Siedlung von Alemannen zu einem Zeitpunkt gegründet worden, als „ein vom Christentum zeugender Name äußerst unwahrscheinlich" sei. Außerdem seien zu jener Zeit Orte nicht nach theologischen Begriffen, sondern nach Personen benannt worden.

Und daher übersetzt Reichardt *Heidenheim* mit „Siedlung des Heido" und stellt es in eine Reihe mit dem mittelfränkischen Heidenheim (Kreis Weißenburg-Gunzenhausen), Heidenhofen im Schwarzwald-Baar-Kreis und Heiwiller im Departement Haut Rhin in Frankreich.

Nun gibt es aber noch eine ganze Reihe von Flurnamen, die tatsächlich auf die Heiden verweisen: Heidenschmiede, Heidenbühl, Heidengraben, Heidenklinge oder Haidenloch. Doch diese Namen sind noch nicht so alt. Sie stammen aus dem Spätmittelalter oder aus der Neuzeit und spiegeln die Vorstellungen wider, welche die Menschen damals beim Anblick von uralten Grabhügeln, Wallanlagen oder Höhlen entwickelt haben.

Da wir schon bei den Heiden sind: Woher kommt eigentlich der schwäbische Lieblingsfluch „Heidenei!"? Hermann Fischer hat in seinem Schwäbischen Wörterbuch die vollständige Fassung dieses Fluches wiedergegeben. Sie lautet: „Kotz' Heide nei."

Heuneburg

Die Hunnen und die Keltenburg

Sie wird gelegentlich als schwäbisches Troja bezeichnet, die Heuneburg im Landkreis Sigmaringen. Auf ihr residierte einst ein Keltenfürst. Aber ihr Name ist alles andere als keltisch.

Mit Troja wird die Heuneburg deswegen verglichen, weil dort zahlreiche Siedlungs-Schichten übereinanderliegen – vom 3. Jahrtausend v. Chr. bis ins 11. nachchristliche Jahrhundert. Ihr Name allerdings dürfte jünger sein. Er erinnert uns an die *Hünengräber*, wie man in Deutschlands Norden die Megalith-Gräber oder die Grabhügel nennt. Einer ihrer größten, der über 13 Meter hohe *Hohenmichele*, ist übrigens nahe der Heuneburg zu finden.

Der Begriff *Heune(n)burg* ist nicht einmalig. Er entspricht der *Hünenburg* oder *Hünenschanze*, und in der Tat ist *Heune* mit *Hüne* gleichzusetzen. Wir verstehen darunter einen Riesen – allerdings erst seit dem 13. Jahrhundert. Der mittelhochdeutsche Vorläufer des Hünen oder Heunen gilt hingegen eher als kleinwüchsig: *hiune* bedeutete nichts anderes als *Hunne*, althochdeutsch *hun(i)*.

Nun sind die Hunnen allerdings erst im 4. Jahrhundert über Europa hereingebrochen, als die Heuneburg ihre Glanzzeit längst hinter sich hatte und der letzte ortsansässige keltische Adlige längst unter seinem Grabhügel vermodert war. Auch haben die Archäologen dort zwar alles mögliche, aber keine hunnischen Pfeilspitzen gefunden.

Daß die Heuneburg und alle ihre Namensverwandten den-

54

noch so heißen, hängt mit dem Bedeutungswandel des Wortes zusammen, unter dem man irgendwann nicht mehr die asiatischen Reiterhorden verstand, sondern ein sagenhaftes, vorzeitliches Volk von Riesen, für das es vielleicht einen heute nicht mehr bekannten, aber ähnlich lautenden Begriff gegeben hatte. So mag dieses Riesenvolk in der Phantasie verschmolzen sein mit den Hunnen und auch mit den Ungarn, die im 10. Jahrhundert Angst und Schrecken in Deutschland verbreitet haben und auf die der Begriff *hiune* ausgeweitet wurde.

Heune oder *Hüne* übersetzt man daher am besten mit „Mensch aus der Vorzeit", und somit bedeutet *Heuneburg* so etwas wie „prähistorische Verteidigungsanlage". Statt der Hünen wurden bei Benennungen für solch auffällige Bodendenkmale gelegentlich auch die Heiden herangezogen, wie etwa im Falle des *Heidengraben*, einer keltischen Wallanlage bei Grabenstetten, dessen Name damit auch gleich erklärt wäre.

Gelegentlich sind die Heunen übrigens erbärmlich geschrumpft: Als das Wort niemand mehr kannte, wurde etwa ein Heunenbühl zum Hühnerbühl oder ein Heunenbrunnen zum Hennenbrunnen. Dies ist der stolzen Heuneburg glücklicherweise erspart geblieben.

Hohenlohe

Fluren, Fürsten, Schlitzohren

Hohenlohe – sucht man diesen Begriff im Lexikon, so findet man Fürstennamen in allen Kombinationen, einen Hohenlohekreis und die Hohenloher Ebene. Der Hohenloher als solcher fehlt jedoch.

„Hohenlohe, fränkisches Fürstengeschlecht. Erstmals 1153 erwähnt als Herren von Weikersheim …", so steht es in Meyers Enzyklopädie, welche auch die diversen Linien dieses Geschlechtes aufzählt von Hohenlohe-Bartenstein bis Hohenlohe-Waldenburg-Schillingsfürst.

Man erfährt ferner, daß die Hohenloher Ebene ein „am Fuß des Schwäb.-Fränk. Schichtstufenlandes sich halbkreisförmig vom Neckar bis zur Tauber hinziehendes, in W-O-Richtung von 200 m auf 500 m ü. d. M. ansteigendes, flachwelliges Hügelland vom Typ der südwestdt. Gäulandschaften" ist. Doch von der Spezies der Hohenloher, der die Schlitzohrigkeit als hervorstechendste Volks-Charaktereigenschaft nachgesagt wird, und von ihrer Mundart, dem Hohenlohischen, ist nicht die Rede.

Das heißt: Hohenlohe wird von den Lexikon-Machern fast ein Jahrhundert nach Abschaffung der Monarchie noch immer unter dynastischen Gesichtspunkten abgehandelt, und nicht unter kulturellen und sprachlichen. Dieses Manko hat der Hohenlohe-Experte Walter Hampele wettgemacht, indem er im Band 79 von „Württembergisch Franken" einen tiefgründigen Aufsatz über „Das Hohenloher Schlitzohr" vorgelegt hat. Darin unternimmt er den Versuch, aus der Geschichte jenes

Landstriches eine Art „Nationalcharakter" seiner Bewohner abzuleiten.

Der Name *Hohenloher* kennzeichnet also keineswegs nur die Mitglieder des gleichnamigen Fürstenhauses, sondern auch die Menschen, die *im Hohenlohischen* wohnen und *Hohenlohisch* reden. Im übrigen hatten die fürstlichen Hohenloher, die jenen Namen über das Land verbreiteten, sich selber ursprünglich nach allen möglichen Burgen benannt, nach Pfitzingen, Rötringen und Weikersheim. Erst anno 1178 übernahmen sie den Namen ihrer neuen Burg Hohenlohe bei Uffenheim.

Der Name dieser Burg wiederum ist nichts anderes als ein ehemaliger Flurname mit der Bedeutung „Siedlung im hochgelegenen Wald". Denn das mittelhochdeutsche Wort *lo(c)h* bedeutet „lichter Wald, Gebüsch, bewachsene Lichtung".

So betrachtet, liegt hier eine Art Kettenreaktion vor: Ein Flurname wird zum Burgnamen, der zum Adelsnamen und der zum Landschaftsnamen, welcher sich schließlich auf die Bevölkerung, deren Kultur und Sprache überträgt.

Hohenstaufen

Von Staufen und vom Saufen

Wer hätte das gedacht, daß der stolze Name der Staufer etwas mit einem Trinkgefäß zu tun hat? Allerdings muß dies nicht als Hinweis auf irgendwelche Vorlieben jener Familie verstanden werden.

„Friedrich zeugte Friedrich von Buren, Friedrich von Buren zeugte Herzog Friedrich, der Stophen gründete, Herzog Friedrich von Stophen zeugte mit der Tochter des König Heinrich den Herzog Friedrich. Herzog Friedrich zeugte den König Friedrich."

So lautet ein Stammbaum Friedrich Barbarossas. Er dokumentiert nicht nur eine bemerkenswerte Bequemlichkeit bei der Suche nach Vornamen für die Stammhalter, sondern auch den Anfang des Namens Staufen: Heinrich von Bühren hatte im 11. Jahrhundert eine Burg dieses Namens gebaut. Und die wurde dann zum Stammhaus der berühmten Staufer.

Den Namen hat aber mit Sicherheit nicht jener Vater aller staufischen Friedriche erfunden, auch wenn dies nicht im Widerspruch zur oben beklagten Phantasielosigkeit in puncto Namenauswahl stünde. Denn Berge namens *Staufen* sind fast so häufig wie Staufer namens Friedrich.

Stauf ist die inzwischen vergessene Bezeichnung für einen Becher ohne Fuß. Manche Berge erinnerten unsere Altvordern offenbar an einen auf dem Kopf stehenden fußlosen Becher. Das wirft sofort die Frage auf, wie viele Staufe geleert werden mußten, bis solche Assoziationen wach werden konnten.

58

Nüchtern und wissenschaftlich betrachtet, gehört *Staufen* zu den „metaphorischen" Bergnamen, welche einen Vergleich zu etwas herstellen. Dazu zählt auch der *Kogel*, der nicht etwa mit dem Kegel verwandt ist, sondern mit der *cuculla*, wie die Lateiner die Mönchskapuze nannten. Horn, Haupt und Kopf mußten ebenfalls zum Vergleich herhalten, selbst der Grind, der in der Hornisgrinde steckt.

An weiteren für Bergnamen geeigneten Körperteilen ist uns der Buckel vertraut, die Nase schon etwas weniger. Man stelle sich vor, jener Friedrich hätte einen Berg namens Nase für seine Burg auserkoren: Die stolzen Kaiser hätten dann mit Nachnamen *von Hohennasen* geheißen.

Apropos *Hohen-*: Dieses kam erst im 14. Jahrhundert vor *Staufen*. Der Zusatz sollte die Burg vom dazugehörigen Dorf unterscheiden. Bleibt die Frage, ob dieser Unterscheidungswille womöglich doch etwas mit hohen Nasen zu tun hat.

Hohenzollern

Keltenfürst auf Hohenzollern?

Hohenzollern – das ist nicht nur der Name einer berühmten Familie, der die Leser(innen) der Regenbogenpresse in Verzückung versetzt. Auch deren Territotium wurde so genannt – nach einem Berg.

Der Hohenzollern, auf dem sich seit dem vergangenen Jahrhundert das „schwäbische Neuschwanstein" erhebt, ist ein Berg am Albtrauf, südlich von Hechingen. Spätestens seit dem Jahr 1061 haben dort die Grafen von Zollern gewohnt, die sich drei Jahrhunderte später *Hohenzollern* nannten.

Sie hatten den Namen von dem Berg übernommen, auf dem sie sich niedergelassen hatten. Doch was soll dieser Name bedeuten? Betrachtet man die ältesten Schreibweisen, so wird man auch nicht viel schlauer: Von *Zolra* war im Jahr 1100 die Rede, anno 1111 von *Zolro*, 1134 von *Zolr*, 1150 dann schon von *Zollern*.

Es liegt nahe, an den ungeliebten Zoll zu denken. Verdienten die Zollern ihre Brötchen womöglich als Zöllner? Immerhin ist das Wort *Zoll* im Sinne von Abgabe schon im 8. Jahrhundert in die deutsche Sprache eingedrungen. Es stammt vom griechischen *teloneion* ab, das „endgültige Zahlung" bedeutet und als das mittellateinische *toloneum* zu uns kam.

Was spricht gegen diese Erklärung? Michael Buck, der sich in seinem 1880 erschienenen Buch über die oberdeutschen Flurnamen ausführliche Gedanken über *Zollern* gemacht hat, erklärt, daß es rein praktisch betrachtet doch recht unwahrscheinlich sei, daß ein Zolleinnehmer auf einem Berg hause, während die zollpflichtige Ware unten durch das Tal befördert wird.

Was soll *Zollern* sonst bedeuten? Die Ortsnamenforschung geht schon seit längerem davon aus, daß dieser Name keltischen Ursprungs ist. Doch weiterer Deutungen enthalten sich die heutigen Sprachgeschichtler, während der bereits zitierte Michael Buck, im Hauptberuf Arzt, wagemutiger zu Werke ging.

Auch Buck glaubt an einen keltischen Ursprung des Wortes und verweist auf die irischen Vokabeln *tul* (Berg) und *tulan* (Hügel). Aus einem solchen Grundwort könnte, so folgerte er, ein Eigenschaftswort *tolerios* oder ähnlich gebildet worden sein. Und so erstand vor Bucks geistigem Auge ein Keltenfürst, der seine Burg – altkeltisch *likos* – auf diesem Berg baute und sie *lukos tolerios*, auf deutsch: „Bergfeste" nannte, von der im Lauf der Jahre nur noch *Tolerio* übrigblieb, das sein *T* dann in ein *Z* umwandelte.

Lag Buck mit seiner Diagnose richtig? Sie ist nicht unumstritten, aber eine plausiblere Erklärung hat bisher noch niemand geboten.

Holzmaden

Nicht jedes Mädle ist ein Maid

Es gibt Fleischmaden, Obstmaden und Holzmaden. Während die beiden erstgenannten Wörter jene fleischigen, prallen und fußlosen Insektenlarven bezeichnen, die sich gerne im sprichwörtlichen Speck – oder eben auch im Obst – aufhalten, meint Holzmaden etwas ganz anderes, was allerdings auch mit Tieren zu tun hat; genauer gesagt: mit Urviechern.

Holzmaden ist eine Gemeinde, die 20 Kilometer südöstlich von Esslingen liegt. Ihre Bewohner können allen Versuchen, ihnen den Namen ihres Wohnortes madig zu machen, ganz einfach dadurch trotzen, daß sie seine Herkunft erläutern. Diesem Ortsnamen liegt ein Flurname zugrunde. Die ursprüngliche Bedeutung lautet „Bei den Wiesen im Wald".

Das *Holz* meint in diesem Falle also einen Wald. Der zweite Teil des Wortes – man möchte in diesem speziellen Falle fast von einem „Wurmfortsatz" sprechen – ist allerdings nicht mit der Made verwandt. Ebensowenig mit dem Mädle, sondern mit der Matte, aber nicht im Sinne von Matratze, sondern von Wiese.

Hermann Fischer schreibt das Wort in seinem Schwäbischen Wörterbuch ohne *h* und nennt als Mehrzahlform *Maden* oder *Mäder*. Er übersetzt *Mad* mit „einmähdige Wiese, die einmal im Jahr gemäht und dann beweidet wird".

Die mit *Mad* gebildeten Flurnamen, die Fischer aufführt, sind Legion. Natürlich sind hier auch die *Maden* vertreten, aber die *Mädln* nicht minder. Mädleinsberg und Mädleinsäcker ebenso wie das Medlistal sind also nicht nach holden Maiden, sondern

nach grünen Mahden benannt. Fischer nennt noch weitere Flurnamen, die mit *Holz-* zusammengesetzt sind: *Holzmad* oder die Mehrzahl *Holzmäder*.

Wenn laut Fischer auch die Form *Holzmaden* ein Plural von *Holzmad* sein kann, warum übersetzen die Ortsnamenforscher diesen Namen nicht „die Wiesen im Wald", sondern „bei den Wiesen im Wald"? Dazu muß man die alten Schreibweisen betrachten: Im 12. Jahrhundert ist ein *Odalricus de Holzmadon* genannt. Das *-on* aber ist ein alter weiblicher Dativ Plural, und der bedeutet auf Neudeutsch eben „bei den...".

Noch kurz ein Wort zu den eingangs erwähnten Urviechern: In Holzmaden, das am nördlichen Rande der Schwäbischen Alb liegt, ist das berühmte Museum Hauff. Dort sind die im Posidonienschiefer des schwarzen Jura versteinerten Ichthyosaurier sowie deren tierische und pflanzliche Zeitgenossen ausgestellt.

Honkling

Honkling und der duftende Hafen

Honkling – das klingt wie Hohn für die automatische Silbentrennung des Textverarbeitungsprogramms: Sie weiß nicht, wo sie das Wort trennen soll: Honk-ling (wie Brat-ling) oder Honkling (wie Hong-kong)?

Hongkong ist chinesisch und bedeutet auf deutsch „duftender Hafen". Was aber bedeutet Honkling? Da dieser Weiler in der Nähe von Schwäbisch Gmünd liegt, müßte sein Name eigentlich deutschen Ursprungs und daher auch irgendwie nachvollziehbar sein, selbst wenn die heutige Schreibweise etwas exotisch wirkt.

Fügen wir ein *h* hinzu, wird die Angelegenheit schon etwas verständlicher: *Hohnkling* steht etwa auch in einem Schriftstück aus dem Jahr 1789, und damit ist der Weg für weitere erhellende Zusätze geöffnet, die zu einem *Hohenklingen* führen können.

Damit ahnen wir zwar, daß Honkling in einer gehobeneren geographischen Lage zu suchen sein muß, doch das Wort *-kling* läßt viele nach wie vor ratlos, denn entweder denkt man an das Zeitwort *klingen*, oder es fällt einem die sprichwörtliche Klinge ein, über die niemand gerne springt oder mit der man sich beim Rasieren verletzt.

Der messerscharfe Schluß, daß dieser Ortsname vielleicht etwas mit Rittern und Schwertern zu tun haben könnte, liegt daher zwar nahe, ist aber falsch. Denn das Substantiv *die Klinge* hatte noch eine andere, inzwischen weitgehend vergessene

64

Bedeutung: „Gebirgsbach, Sturzbach" hieß auf althochdeutsch *klingo* oder *klinga*. „Schlucht, enges Tal", so steht in Hermann Fischers Schwäbischem Wörterbuch unter *Klinge*. Fischer überliefert auch ein Zitat zum praktischen Nutzen solcher Klingen: „Gespenster kann man entfernen, wenn man sie in eine Klinge nausträgt."

Da es im Lande nicht an Schluchten und engen Tälern mangelt, ist die Zahl der Orts- und Flurnamen Legion, die sich mit der Klinge verbinden: Klingenfeld, Klingenstein, Klingenteich – oder umgekehrt: Angstklinge, Hirschklinge, Fleischklinge. Oder eben Honkling, die „Siedlung über dem engen Tal", die in jeder Hinsicht weit entfernt ist vom „duftenden Hafen".

Horb

Im Anfang war der Sumpf

Es gibt ein deutsches Ortsnamenbuch, das dafür berüchtigt ist, daß es so gut wie jeden Ortsnamen auf Wörter zurückführt, die „Sumpf" bedeuten. Im Falle von Horb ist das allerdings richtig.

Horb bezeichnet nicht eine von Menschen angelegte Siedlung, wie etwa die Ortsnamen auf *-ingen*, *-hausen* oder *-hofen*, sondern eine Stelle im Gelände. Solche Stellenbezeichnungen sind laut Karl Bohnenberger („Die Ortsnamen Württembergs") häufiger als die Siedlungsbezeichnungen. Sie beschreiben unter anderem die Beschaffenheit des Bodens: War er sandig, lag ein Name mit *gries* (Sand) nahe. War er feucht, boten sich Vokabeln wie *ried*, *moos* oder eben *horb* an.

Horb mit „Sumpf" zu übersetzen, ist die freundlichere der beiden Varianten, welche die 1904 bis 1907 erschienene Landesbeschreibung „Das Königreich Württemberg" anbietet. Die andere lautet „Kot". Ebenso übersetzt Hermann Fischer das Wort *Hor(b)* in seinem Schwäbischen Wörterbuch.

Zu den Ortsnamen, die auf das germanische Wort *hurhwa* (Schmutz) zurückgehen, gehört auch Hürben. Unter den weiteren mit Horb verwandten Orts- und Flurnamen nennt Fischer *Horbelholz*, *Horbatswiesen*, *Horlach*, sowie *Horaz*. Das hat in diesem Fall nichts zu tun mit jenem gleichnamigen römischen Dichter, welchem wir unter anderem die Literatur gewordene Aufforderung „Nunc est bibendum" – Jetzt wird getrunken! – verdanken.

Unter den Stoffen, die sich zum Befolgen dieses Aufrufs eignen, sei aus naheliegenden Gründen der *Korber Kopf* hervorgehoben: Korb, woher dieser Tropfen stammt, klingt nicht nur ähnlich wie Horb, sondern könnte damit sogar kernverwandt sein. Jedenfalls wurde dieser Ortsname lange Zeit so interpretiert, daß vor ein *hurwe* – also Sumpf – ein zusammenfassendes *ge-* gesetzt wurde, wonach *Korb* soviel bedeuten würde wie „Gesumpfe".

Daran sind allerdings mittlerweile Zweifel aufgetreten. Als *Korb* wurde nämlich auch die (geflochtene) Hütte des Landarbeiters bezeichnet. Dann wäre *Korb* eine Siedlung gewesen, in der vorwiegend Seldner – das waren arme Landbewohner – lebten. Doch für Horb gibt es leider keine vorteilhaftere Erklärung als den Sumpf.

Zum Trost für die Horber sei darauf hingewiesen, daß auch hinter einem so bemerkenswerten Namen wie *Lutstrut* – zu finden im Ostalbkreis – nichts anderes steckt: Das *Lut-* kommt von dem Personennamen *Luzzi*; das Grundwort *-strut* aber ist ein vergessenes Substantiv, das vom althochdeutschen *struot* stammt, was „Sumpf" bedeutete. Im Mittelhochdeutschen wandelte sich das Wort zu *strut*, und die Bedeutung erweiterte sich zu „Flut, Meereswogen, Sumpf, Gebüsch, Buschwald, Dickicht". Insofern erhebt sich die Frage, ob *Lutstrut* ein sumpfiges oder ein buschreiches Terrain bezeichnet hat – oder gar beides. Diese Frage stellt sich auch bei den weiteren Orts- und Flurnamen, die mit Strut verwandt sind: Striedt, Strietle, Gstreut und die damit gebildeten Kombinationen wie Muckenstrutt oder Karrenstrietle. Lassen wir sie einfach offen.

Übrigens teilt Hermann Fischer in seinem Schwäbischen Wörterbuch unter *Strut* noch eine weitere Bedeutung mit, die hier nicht unterschlagen werden soll, nämlich „unzüchtige Weibsperson". Allerdings wäre es sicher verfehlt, Lutstrut mit „Luzzis unzüchtige Weibsperson" zu übersetzen. Denn auch in diesem Falle gilt die Regel: Ortsnamen kennzeichneten eher die Eigenschaften des Geländes denn die Eigenschaften von Siedlersgattinnen – und seien es die größten Sumpfhühner gewesen.

Hundersingen

Des Pudels Kern: der „hunteri"

Des Deutschen bester Freund ist bekanntlich der Hund. Aber so groß, daß man Siedlungen nach dieser Spezies benannt hätte, ist die Liebe dann auch wieder nicht – zumindest nicht im Fall von Hundersingen.

In Baden-Württemberg gibt es drei Orte dieses Namens, einen im Landkreis Sigmaringen, einen im Landkreis Reutlingen und einen im Alb-Donau-Kreis. Woher der Name kommt, ist umstritten. Unstrittig ist lediglich, daß er nichts mit singenden Hunden zu tun hat.

Ortsnamen, die auf *-ingen* enden, sind meist auf Personen bezogen. Diese Endung bedeutet, frei übersetzt, „bei den Leuten des ...". Sie wurde gerne an den Namen eines Häuptlings oder des Gründers einer Siedlung angehängt; berühmtes Beispiel ist *Sigmaringen*, was demzufolge „bei den Leuten des Sigmar" bedeutet. Andere Ortsnahmen diesen Typs sind heute nicht mehr so leicht zu erkennen, etwa *Dautmergen* im Zollernalbkreis, das anno 1275 noch *Tutmaringen* hieß, also „bei den Leuten des Tutmar".

Wie diese Beispiele lehren, könnte *Hundersingen* die Siedlung „bei den Leuten des Huntheri" bezeichnet haben, wie etwa der Ortsnamenforscher Karl Bohnenberger annahm. Doch es gibt eine wesentlich interessantere Deutung, wonach dem Ortsnamen kein Rufname, sondern ein Titel, ein Rang zugrundelag, nämlich der *hunteri*. Das war der Anführer einer Hundertschaft.

Darüber, was man sich unter einer solchen Hundertschaft oder *huntari* genau vorzustellen hat, streiten sich die Gelehrten. Im Handwörterbuch der Rechtsgeschichte steht über die alemannischen Hundertschaften, dies seien fränkische Schöpfungen des frühen 7. Jahrhunderts gewesen. Als Militärsiedlungen nach römischem Muster sollten sie entlang der alten Römerstraßen die fränkische Herrschaft in Alemannien sichern. Im Lauf der Zeit seien sie dann zum Herrschaftsbereich ihrer Anführer geworden. Insofern wäre es durchaus plausibel, daß der Ortsname Hundersingen sich auf diese Amtsbezeichnung bezieht.

Es gibt ein stichhaltiges Indiz für diese Lesart. So liegt das Hundersingen des Alb-Donau-Kreises in unmittelbarer Nähe von Munderkingen, und das war der Hauptort der 792 erstmals genannten *Muntariheshuntari*, der „Hundertschaft des Munderich". Das andere Hundersingen im Landkreis Reutlingen liegt gleich bei Münsingen, welches wiederum der Hauptort der 961 genannten *Munigiseshuntere* war, der „Hundertschaft des Munigis".

Die jeweiligen Hundersingen könnten daher die neuen Wohnorte der jeweiligen Hundertschafts-Vorsteher gewesen sein. Der Ortsname wäre dann nach Lutz Reichardt zu übersetzen als „bei den Leuten des Zentenars" oder „bei den Leuten, die in der vom Zentenar gegründeten Siedlung wohnen".

Des Pudels Kern im Falle des Ortsnamens Hundersingen ist also nicht hündischer, sondern verwaltungstechnischer Natur.

Iller

Schwester Aller und Base Ilse

Die Iller mündet bei Ulm in die Donau und trennt seit Napoleon Bayern und Württemberg. Doch *Iller* hieß sie schon lange, bevor es Württemberger, Deutsche, Germanen oder gar Ulmer gab.

Es gibt anschaulichere Flußnamen als *Iller*, etwa die Schwarze und die Weiße *Elster*. Doch wer darin den Namen einer berüchtigten schwarz-weißen Vogelgattung zu erkennen glaubt, liegt falsch: Die Elster hat mit dem diebischen Rabenvieh überhaupt nichts, mit der Iller hingegen soviel zu tun wie die Ilse und die Else.

Doch beginnen wir von vorn, in Europas spätindogermanischer Vergangenheit, bevor sich die Einzelsprachen Keltisch, Germanisch, Illyrisch etc. herausgebildet hatten. Schon damals hielten es die Menschen für ratsam, ihrer Umgebung Namen zu geben. Viele Flüsse, die damals eine Bezeichnung erhielten, haben diese bis heute behalten – verändert zwar, aber im Kern immer noch *alteuropäisch*, wie man diese Namenschicht nennt.

Jene *Wasserwörter* gehören zur ältesten Namenschicht. Es handelt sich dabei um Gewässerbezeichnungen, die auf die feinen Unterschiede zwischen den einzelnen Bächen und Flüssen hinwiesen. Über solche „feineren und feinsten Bedeutungsschattierungen" habe der frühe Mensch, der die Natur genau beobachtet habe, in reichem Maße verfügt, so schreibt Hans Krahe, der Papst der Gewässernamenkundler.

Eines dieser *Wasserwörter* ist die indogermanische Wurzel *el-*

oder *ol-*. Sie bedeutet „fließen, strömen". Auf sie gehen einige Flußnamen in ganz Europa zurück wie *Ola*, *Ala*, *Ahla* und vielleicht die *Elle*. Diese Wurzel hat aber auch Erweiterungen um diverse Mitlaute erfahren, etwa die Erweiterung mit *v*. Die führte zu Flußnamen wie *Olve*, *Alva*, *Alaw*, *Alwyn*, *Allan* oder *Allen* u.s.w.

Andere Erweiterungen wurden mit *m* gebildet, etwa *Alme*, *Almo* oder *Ilm*, weitere mit *n* wie *Eaulne*, *Olana* oder *Olenne*. Trat zum *n* noch ein *t*, ergab dies Namen wie *Alantia*, woraus dann die *Elz* wurde.

Die Iller aber gehört zu den *r*-Erweiterungen und ist damit tatsächlich direkt verwandt mit der Aller – auch wenn man dies für einen Kalauer halten möchte: Iller und Aller, die Schwestern! Zu den Cousinen gehören dann die Else und die Ilse, die in Deutschlands Norden fließen, sowie die Elsa in der Toscana. Ilse, Else und Elsa haben natürlich nichts zu tun mit den gleichlautenden Mädchennamen, die nicht aus Europas Sumpflandschaften stammen, sondern aus der Bibel, von der hebräischen Elisabeth. Dieser fromme Name bedeutet „Gott ist meine Verheißung".

Bleibt noch die Elster: Sie ist, wie die Alster, eine *str*-Erweiterung. Somit zählt sie eher zu den Basen zweiten Grades, aber dennoch zu den Verwandten der Iller.

Ipf

Berg mi „pf" bei Stadt mit „pf"

Man sollte möglichst keine Speisen oder Getränke im Mund haben, wenn man den Namen jenes Berges zusammen mit dem der Stadt ausspricht, die ihm zu Füßen liegt: „Bopfingen am Ipf".

Noch ungewöhnlicher als der Name des Ipf ist seine Form. Im Gegensatz zu den sonstigen wohlgerundeten Zeugenbergen der Alb sieht er aus wie ein geköpftes Ei: Statt in einer Spitze oder Wölbung gipfelt er in einem Plateau. Das ist, wie man beim Erklimmen seiner nicht eben schwindelerregenden Höhe feststellen wird, von mächtigen Ringwällen umgeben. Die ältesten davon dürften etwa 3000 Jahre alt sein, die jüngeren enthalten keltische Trockenmauern aus der Hallstattzeit (etwa 750-450 v. Chr.).

Der Ipf könnte Sitz eines Keltenfürsten gewesen sein, so wird gemutmaßt. Nun mag man einwenden, daß *Ipf* wenig majestätisch klingt, aber dieser Einwand ist unberechtigt, denn zum einen könnten die Kelten dies anders empfunden haben. Zum anderen aber ist *Ipf* das vorläufige Ende einer sprachlichen Entwicklung, die vermutlich mindestens so alt ist wie die Ringwälle.

Allerdings kennen wir diese Entwicklung erst von dem Moment an, als sie ihren Niederschlag auf der Tabula Peutingeriana gefunden hat. Diese *Peutingersche Tafel* ist die im 12. Jahrhundert angefertigte Kopie einer römischen Straßenkarte, die auch den Ipf nennt, allerdings hieß er damals noch *Opie*. Die

72

Forscher gehen davon aus, daß die Grundform *Opia* hieß, was ein Gewässernamen gewesen sein könnte.

Was bedeutet *Opia*? Die Antwort, das sei die Mehrzahl von lateinisch *Opium*, ist zwar grammatikalisch richtig, gibt aber wenig Sinn, zumal man sich hierzulande wohl auch schon zu Zeiten der Kelten und Römer lieber vermittels gegorener Getränke berauscht hat.

Da bedeutende Namenforscher es aufgegeben haben, die Bedeutung von *Opia* zu ergründen, brechen wir die Sinnsuche ab und fragen lieber, wie das vokalreiche *Opia* zu einem *Ipf* verkümmern konnte. Das *p* des alten, vorgermanischen Namens verdoppelte sich, als die Germanen ihn übernahmen und *Oppi* daraus machten. Später wurde das *pp* zu *pf* wie beim Appel, der zum Apfel reifte. Das *o* verflachte zum *u*, so daß wir einen althochdeutschen Bergnamen *Upfi* annehmen dürfen. Von da war es nicht mehr weit zum mittelhochdeutschen *Üpfe*, der Rest ist bekannt.

Allerdings gibt es auch eine alte Chronik, die von einem *Nimpf* spricht und damit Spekulationen über namengebende Nymphen ausgelöst hat. Doch *Nimpf* und das ebenfalls belegte *Nipf* lassen sich ganz banal mit einer gewissen Maulfaulheit erklären, man ging eben *uf'n Ipf*, und wenn man auch noch näselte, *uf'n Impf*. Etwa von Bopfingen aus, der „Siedlung bei den Leuten des Bobo".

Isny

Vergebens nach Isis gegraben

Weil sich unter *Isny* niemand etwas vorstellen kann und weil die Menschen hinter allem, auch hinter Isny, einen Sinn suchen, haben sie den Namen mal von *Eisen*, mal von *Isis* abgeleitet.

Das älteste Siegel der Stadt Isny im Allgäu zeigt ein Hufeisen. Es wurde 1288 an eine Urkunde geheftet und ist der beste Beweis dafür, daß schon damals die Leute keine Ahnung mehr davon hatten, was *Isine* – so hieß die Stadt in jener Zeit – bedeutete.

Damals wurde das heutige *Eisen* noch *Isen* ausgesprochen, wovon nach wie vor Familiennamen wie *Isenmann* oder *Isenbart* künden. Also hatten die Altvorderen allen Grund zur Annahme, daß *Isny* einen Ort bezeichnete, an dem Eisen produziert wurde. Allerdings gibt es keinerlei Hinweis für eine Eisenförderung in Isnys Umgebung, und somit entbehrt das Hufeisen, das die Stadt noch heute in ihrem Wappen trägt, jeglicher Substanz.

Wesentlich reizvoller als ein solcher Hufschoner ist zweifellos die ägyptische Göttin Isis, die auch von den in Germanien stationierten Römern verehrt wurde. Daher reizte der Gedanke, Isny sei an der Stelle eines herrlichen Isis-Tempels erbaut worden, schon im 16. Jahrhundert die Humanisten, wie Ortsnamenforscher Norbert Kruse in einem Aufsatz über den Namen Isny mitteilt. Zwar wurde noch 1855 nach diesem Tempel gegraben, doch herausgekommen ist dabei nichts außer einem Begräbnis für diese exotische Namensdeutung.

Eine dritte Variante, die schon Matthäus Merian in seiner 1643 erschienenen „Topographia Sueviae" wiedergegeben hat, leitet Isny von dem „fürüberfliessenden Wasser Ysne" ab. Und das ist die richtige Erklärung.

Heute heißt dieses Gewässer *Isnyer Aach*, was den Anschein erweckt, daß der Fluß nach der Stadt benannt wurde. In Wahrheit ist es umgekehrt: *In fluvio Hisinina* – am Fluß Hisinina – heißt es in einer Urkunde aus dem Jahr 1171. Daraus rekonstruieren die Sprachforscher eine Grundform *Isinina*, die zu den alteuropäischen Gewässernamen zählt. Zu dieser Familie gehören noch andere, nicht allzuweit entfernte Flüsschen wie die Argen und die Schussen, die einmal *Arguna* und *Skudina* geheißen haben dürften.

Die Wurzel des Namens Isinina ist *is*, und das bedeutet „sich schnell bewegen". Diese Wurzel steckt auch in den Flußnamen Ise, Isen, Iser, Isar, Isère, Oise, Isonzo und wohl auch Ijssel. Wir sehen also: Wenn *Isny* auch nicht gerade aus Ägypten stammt, so ist es doch ein Name von wahrhaft europäischer Dimension.

Jagst

Götzens Heimatfluß

Der Name der Jagst erweckt unterschiedliche Assoziationen. Die einen denken an das Waidwerk (ich jage, du jagst), die anderen an den schwäbischen Gruß.

Die Jagst entspringt bei Ellwangen und mündet bei Bad Wimpfen in den Neckar. In ihrem Tal liegt unter anderem die Burg Jagsthausen, auf der einst ein Ritter namens Götz von Berlichingen lebte. Der soll seinem Kaiser ausrichten lassen haben, er könne ihn hinten lecken, was Goethe in eine etwas griffigere literarische Form gebracht hat.

Dieses Zitat wird auch gerne als „schwäbischer Gruß" bezeichnet, weil die Schwaben diese Worte angeblich auch dann ausstoßen, wenn sie – etwa über eine unerwartete Begegnung – positiv überrascht sind. Somit ist das Zitat auch geeignet, um Ergriffenheit über die Schönheiten des Jagsttales zu signalisieren.

Aber damit sind wir auf der Suche nach der Bedeutung des Flußnamens *Jagst* noch nicht viel weitergekommen. Gibt es einen Zusammenhang zur *Jagd*? Darüber hat immerhin Adolf Bacmeister in seinen „Alemannischen Wanderungen" (1867) nachgedacht. Jagst und jagen könnten auf einen gemeinsamen Grundbegriff zurückgehen, der „eilen" bedeute, so wie auch die Yacht mit jagen zusammenhänge.

Zwar hat Bacmeister recht, was die Yacht betrifft, denn die geht tatsächlich auf schnelle Jagdboote zurück. Doch die Jagst wird von den neueren Flußnamenforschern anders gedeutet.

Natürlich ist auch hier wieder nach den ältesten Schreibweisen zu fahnden, und in denen hatte die Jagst zwar noch kein *t*, dafür aber ein weiteres *a*: *Jagas* hieß sie vor etwa tausend Jahren.

Das *t* kam erst Ende des 14. Jahrhunderts hinzu. Mit dieser Entwicklung bildet die Jagst übrigens keinen Einzelfall: Die *Axt*, die angeblich den Zimmermann erspart, so man sie im Hause hat, hieß früher *ax*, das *Obst* früher *obs* und der *Palast pallas*.

Es wird also angenommen, daß der Jagst einmal eine vordeutsche *Jagasa* zugrundegelegen hat. Die geht zurück auf eine indogermanische Wurzel *ieg* oder *ig*, die Eis bedeutete. Damit wäre die Jagst „die Kalte" oder „die Eisige".

Auf dieselbe Wurzel soll auch der Gaibach bei Bitburg zurückgehen, der in älteren Schriftquellen *Iaghine* heißt. Auch im fernen England findet sich eine Verwandte namens Eign, die einmal *Igene* geheißen hatte. Und möglicherweise gehört auch der vom römischen Naturforscher Plinius beschriebene *Iactum* in diese eisige Familie. Das ist ein Nebenfluß des Po, welcher nun aber mit der Jagst, mit Götz und seinem Zitat überhaupt nicht zu tun hat.

Judentenberg

Judith, die Jüten und Juthungen

Judentenberg heißt ein kleines Dorf im Landkreis Sigmaringen. Eine ehemalige jüdische Siedlung? Nein. Was dann? Cherchez la femme – es steckt eine Frau dahinter.

Der Name *Judentenberg* legt nahe, an eine jüdische Gemeinde zu denken. Doch die in Deutschland lebenden Juden bildeten keine eigenständigen Siedlungen, weshalb es auch keine Orte gibt, die nach ihnen benannt wären.

Allerdings existiert eine Reihe von Flur- und Wegenamen, die auf die Juden im Mittelalter hinweisen. Der Ortsnamenforscher Günther Kapfhammer hat 1990 in seiner Untersuchung über Judenwege vermutet, daß es in Europa wohl ein besonderes Wege- und Straßennetz gegeben hat, das von den hier lebenden und Handel treibenden Juden benutzt wurde. Dafür werden unterschiedliche Gründe angenommen; sie reichen von obrigkeitlichem Zwang, der den Juden bestimmte Wege vorschrieb, über Zeitgewinn durch kurze Direktverbindungen bis hin zum „verdeckten Weg", der entweder den Zoll umgehen oder aber die Reisenden vor Nachstellungen schützen sollte.

Doch im Fall von Judentenberg liegt der Fall anders: *Judintunberch* lautet die älteste Schreibweise aus dem 11. Jahrhundert. Dies wird übersetzt mit „Berg der Judinta". In *Judinta* steckt die Wurzel *Jud* oder *Jut*, und die ordnen die Personennamen-Spezialisten den Jüten oder Juthungen zu.

Die Jüten waren ein nordgermanisches Volk, die Juthungen ein ostgermanischer Stamm. Zwar haben weder Jüten noch Juthungen dieses Dorf gegründet. Doch könnte die Erinnerung an sie im Frauennamen *Judinta* stecken. Allerdings – und damit sind wir wieder bei den Juden – kommt für die Deutung von *Judinta* ebenfalls der alttestamentarische Name *Judith* in Frage, der auch unter den alten Deutschen recht beliebt war und „Jüdin" bedeutet.

Ob Judith oder Judinta: Das Ungewöhnliche an diesem Ortsnamen ist, daß er auf einen Frauennamen zurückgeht. Wie im Fall der Ortschaften, deren Namen von Männern herrühren, müßte auch diese Benennung auf die Anfänge jener Siedlung zurückgehen, vermutlich also auf die Gründerin.

Wer aber war dann jene Dame, die hier Wurzeln schlug und deren Name in *Judentenberg* verewigt ist? War sie die Witwe eines Häuptlings oder hatte sie sich, wie einst Johanna von Orleans, ohne Beihilfe eines prominenten Gatten Respekt verschafft? Die Frage wird wohl leider offen bleiben müssen.

Jux

Das Dorf zum Spielberg

„Das war ein Jux", so formulierte einst der schwäbische Dichterfürst Friedrich Schiller in seinen „Räubern". Dieser Jux, im Sinne von Tollerei, kommt vom lateinischen *iocus*, was Scherz bedeutet.

Der Ortsname Jux hat zwar auch mit guter Laune zu tun, aber nicht mit dem iocus. *Jux* hieß nämlich in einer Urkunde aus dem Jahr 1243 *Iuches*. Vermutlich besteht ein Zusammenhang mit dem Verb *juchzen*. Das wird im Dialekt verschieden ausgesprochen, wie Hermann Fischers Schwäbischem Wörterbuch zu entnehmen ist. Nicht nur *juchzga* tut der Schwabe, sondern auch *juuzga* oder *juxa*.

Die Vorstellung eines Dorfes, in dem nur gejubelt wird, widerspricht allerdings jeglicher menschlicher Erfahrung. Und wenn wir den Ortsnamen interpretieren wollen als „Ort, wo man jauchzt", dann ist damit keine Siedlung notorischer Stimmungskanonen gemeint, sondern ein Festplatz. Denn Jux liegt am Fuße des 533 Meter hohen Juxkopfes, und man kann davon ausgehen, daß der Name dieser Erhebung auf das Dorf übertragen worden ist.

Damit kommt der *Spielberg* ins Spiel. Diesen Namen verbindet man heutzutage mehr mit weißen Haien, Außerirdischen und geklonten Dinosauriern. Doch bevor Spielberg zum Familiennamen für Erfolgsregisseure wurde, bezeichnete dieses Wort ganz einfach einen Berg, auf dem gespielt wurde. Entsprechend verhält es sich mit den Begriffen Spielwald oder Spielwiese.

Spiel war früher mehr als Mensch-ärgere-dich-nicht und dergleichen; es war ein Sammelbegriff für Tanz, Zeitvertreib, Scherz, Unterhaltung, Vergnügen, Saitenspiel, Schauspiel, Turnier und ähnlichem mehr.

Solche Spiele gab es nur zu bestimmten Zeiten. So gibt es Ortsnamenforscher, welche den *Spielberg* mit dem *Pfingsberg* gleichsetzen: Auf denen sei an den Pfingstmontagen in Verbindung mit verschiedenen Brauchformen der Austrieb des Viehs gefeiert worden.

Der Vollständigkeit halber ist anzumerken, daß es noch eine ganz andere Interpretation des *Spielberges* gibt, wonach damit Thingstätten gemeint gewesen seien. Diese Vermutung gründet darauf, daß *Spiel* auch Ding bedeutet habe, somit auch Rede und Verhandlung. Folglich seien *Spielberge* Orte der Versammlung gewesen, wo Gericht gehalten wurde.

Doch ob bei derartigen Verhandlungen Grund zum Jauchzen bestand, scheint fraglich. Wenn der Juxkopf also tatsächlich ein Spielberg war, dann wohl eher einer der heiteren Art. Insofern liegen alle, die den Ortsnamen *Jux* spontan als etwas Lustiges begreifen, im Grunde ganz richtig – auch wenn die Herleitung falsch ist.

Kellmünz

Der Pate: Einer von Roms Hügeln

Kellmünz – auf den ersten Blick scheint der Fall klar zu sein: Da drin stecken eine Kelle und eine Münze. Doch was sollen die beiden miteinander zu schaffen haben?

Daß alle auf deutschem Vokabular beruhenden Deutungsversuche ins Leere laufen müssen, liegt daran, daß der Name dieses Ortes auf einem Höhenrücken über der Iller lateinischen Ursprungs ist: *Caelius mons,* Berg Caelius, so wurde das spätrömische Kastell genannt – genau wie einer der sieben Hügel in Rom, der Hauptstadt des Imperiums.

Die Tatsache, daß es nicht *Zellmünz* heißt, beweist, daß der Name aus der Zeit stammt, da das lateinische *C* noch wie *K* gesprochen wurde. Damals wurde auch das Wort *cella* ins Deutsche importiert und zu *Keller,* während es beim späteren Zweit-Import entsprechend der inzwischen eingetretenen Veränderung des anfänglichen Konsonanten zur *Zelle* mutierte.

Kellmünz ist einer der wenigen Ortsnamen, die tatsächlich lateinischen Ursprungs sind. Das unterscheidet ihn von den zahlreichen anderen, in welche Historiker und Heimatkundler früher immer wieder römische Ursprünge hineingedeutet haben.

In den vergangenen Jahren haben die Archäologen das Kastell systematisch ausgegraben und waren erstaunt über das gewaltige, 28 Meter breite Kastelltor mit den vorspringenden Toren. Um das Jahr 300 ist diese Wehranlage gebaut worden. Dort wurde dann die *cohors III Herculea Pannoniorum* statio-

niert. Die Archäologen nehmen an, daß diese Einheit 300 Mann stark war.

Caelius mons schützte die Westgrenze der Provinz Rätien, den Donau-Iller-Rhein-Limes, zwischen den nächstgelegenen großen Stützpunkten Cambodunum (Kempten) und Guntia (Günzburg). Auf die Reste dieser Befestigung ist man erst im Jahr 1900 gestoßen, als die Wasserleitung gebaut wurde. In den folgenden Jahren wurden Türme und Mauern freigelegt.

In einem „Archäologischen Park" können heute die Reste von Caelius mons besichtigt werden.

Killer

Hier hat's einst kräftig geknallt

Killer, so warnt ein Schild vor einem stillen Ort im Killertal. Gerne lassen sich US-Touristen zähnefletschend und grimassenschneidend davor ablichten, und auf der Beliebtheitsskala der Ortsschilder-Klauer steht es weit oben. Sollte der Süden hier, unweit der Burg Hohenzollern, tatsächlich so wild sein, wie der Süddeutsche Rundfunk jahrelang suggerierte?

Der Name des Ortes klingt weniger mörderisch, wenn man die erste bekannte Schreibweise betrachtet: In einer Urkunde aus dem Jahr 1255 ist nämlich noch von *Kilwilar* die Rede, und das bedeutet „Kirchweiler".

Daß *-wilar* zu *-weiler* wird, leuchtet ja noch ein. Doch was hat *Kil-* mit *Kirche* zu tun? Der Übergang von *Kirche* zu *Kilche* ist buchstäblich fließend, denn die Konsonanten *r* und *l* sind sogenannte *Liquidae*, Fließlaute also, die sich dann recht nahe kommen, wenn man das *r* mit der Zunge spricht (und die nichts mit *Liquidieren* im Sinne von *Killen* zu tun haben).

Kilche ist alemannisch, *Kirche* schwäbisch. Die Kirche, die dem Weiler den Namen gab, soll im 7. Jahrhundert entstanden und weithin die einzige gewesen sein.

Des Ortsnamens zweiter Teil, *-weiler*, ist ein romanisches Lehnwort, das die merowingischen Franken aus dem romanisierten Gallien mitgebracht haben. Das läßt darauf schließen, daß Killer eine merowingische Ausbausiedlung war.

Nun wissen wir also: Es peitschen keine Schüsse durch Killer. Doch dafür knallten hier die Peitschen. Denn Killer war das

Zentrum der Peitschenfabrikation. Zwischen den beiden Welt-
kriegen wurden hier durchschnittlich 5000 Peitschen fabriziert
– pro Tag!

Aktenkundig war die Geißel-Herstellung seit Mitte des 18.
Jahrhunderts. Auslösend dürfte die karge Gegend gewesen sein,
die der Landwirtschaft wenig Spielraum ließ und zu anderem
Broterwerb zwang.

Nachdem die letzte Peitschenfabrik 1979 zugemacht hat,
knallen nicht einmal mehr Peitschen in Killer. Höchstens vielleicht noch im Deutschen Peitschenmuseum, das als einziges seiner Art im Guinness-Buch der Rekorde steht.

Kirchentellinsfurt

Von Kilchen und Kirchen

Ein paar Kilometer von Tübingen entfernt grüßt ein Wort-Ungetüm vom Ortsschild: *Kirchentellinsfurt*. Dieser Fünfsilber ist nicht nur wegen seiner Länge bemerkenswert, sondern auch, wenn man ihn mit dem Namen des Tübinger Stadtteils *Kilchberg* vergleicht.

Kirchentellinsfurt ist ein Doppelname, der in der ersten verbürgten Fassung aus dem Jahr 1275 auch noch getrennt geschrieben ist: *Kilchain Tälisfurt*. Ein paar Jahre später, 1292, ist ein *Kirchain Tellinsfurt* genannt.

Der erste Name lautete nach heutiger Schreibweise *Kirchheim*. Dieses *-heim* taucht auch schon in einer lateinischen Urkunde aus dem Jahr 1007 auf, in der *Kirihheim* noch alleine stand. Anno 1179 ist dann wieder ein Ritter „Wernherus de Chilcheim" aktenkundig.

Ohne sämtliche weiteren historischen Schreibweisen von Kirchheim zu betrachten, wird jetzt schon offensichtlich, daß hier einmal von *Kirchheim* und einmal von *Kilchheim* die Rede ist. Und damit wären wir auch beim eingangs erwähnten Kilchberg, das heute noch mit *l* geschrieben wird, während sich in Kirchentellinsfurt seit 1292 das *r* durchgesetzt hat.

Da mag dem einen oder der anderen das Gedicht *lichtung* von Ernst Jandl einfallen, das da lautet: „manche meinen, lechts und rinks kann man nicht velwechsern. werch ein illtum!" In diesem Fall liegt arreldings kein Irrtum vor. Viermehl, so ist vom Mundartforscher Arno Ruoff zu erfahren, existierten lange Zeit beide Sprechweisen nebeneinander her. Der Unterschied war insofern nicht sehr groß, als das *r* noch mit der Zunge geformt wurde und so dem *l* nahe verwandt war.

Inzwischen ist das *l* auf dem Rückzug nach Süden ins Alemannische, wo man noch heute in die Kilch' geht. Weiter nördlich ist es im ein oder anderen Flur- oder Ortsnamen erstarrt.

Doch zurück nach Kirchentellinsfurt. Für das *Kirchheim* war eine Kirche namengebend, und da dieser Name nicht eben selten ist, wird er durch die geographische Angabe *bei Tellinsfurt* präzisiert worden sein. Das war ein Weiler, der bereits im 14. Jahrhundert eingegangen ist. *Tellinsfurt* kommt vom Tal bzw., schwäbisch verkleinert, vom *Täle* sowie von der Furt.

Mißt man den Namen *Kirchentellinsfurt* an seiner Aussage, ist er eigentlich noch vergleichsweise kurz. Die nämlich wäre zu übersetzen als „Siedlung bei der Kirche bei der Siedlung an der Furt im Tal".

Kocher

Von Köchen und Köchern

Der Kocher ist ein Nebenfluß des Neckars, der auf der Schwäbischen Alb entspringt und dessen Namen Anlaß bietet, einer Reihe nebensächlicher Fragen nachzugehen.

Was bedeutet *Kocher*? Heute, im Zeitalter der Karbid- und Campinggaskocher ist das keine Frage, auch wenn nach den Gesetzen der Wortbildung ein *Kocher* der Mann sein müßte, der kocht, so wie der *Schlachter* der Mann ist, der schlachtet.

Da sich aus *schlachten* auch der *Schlächter* bilden läßt, müßte man von *kochen* auch den *Köcher* ableiten können, was natürlich falsch ist. Denn der Behälter für die Pfeile, der im Mittelhochdeutschen übrigens ebenfalls *Kocher* hieß, stammt vermutlich vom hunnischen Wort *kukur*, mit welchem wir uns ziemlich weit aus dem Einzugsbereich des Kochers entfernt haben.

Doch wenn wir schon gerade beim Wortklauben sind, sei auch gleich noch der Frage nachgegangen, warum der Mann, der den Kochlöffel schwingt, nicht *Kocher* heißt, sondern nur Koch. Das wiederum liegt daran, daß der *Koch* nicht vom Verbum *kochen* abgeleitet ist, sondern vom spätlateinischen *coco*, das wiederum von *coquere* kommt, von dem auch das deutsche *kochen* stammt. Als übrigens die humanistische Mode aufkam, Familiennamen zu latinisieren, haben sich Familien namens *Koch* nicht etwa *Coco* oder *Coquus* genannt, sondern *Magirus*; das ist die lateinische Form des griechischen Kochs, des *mágeiros*.

Kocher als Flußname scheint einen nachvollziehbaren Sinn zu haben: Man stellt sich ein sprudelndes, schäumendes, eben *kochendes* Gewässer vor, und natürlich ist diese Vorstellung wieder einmal falsch. Denn der Kocher hat nichts mit der Tätigkeit des Kochens zu tun – obwohl er früher *Kochen* hieß, wie heute noch die nach ihm benannten Orte Oberkochen, Unterkochen, Kochendorf, Kochenburg und Neukochen.

Die ältesten bezeugten Formen waren *Cochara* und *Chochane*. Die Flußnamenforscherin Anneliese Schmid, die übrigens Verbindungen zum englischen Fluß Cocker herstellt, vermutet eine vorgermanische Form *Kukana*, die durchaus sinnvoll mit „die Gebogene" zu übersetzen wäre, da sie auf die indogermanische Wurzel *keuk* zurückgeht. Aus dieser Wurzel ist auch der Name der Stadt Cochem entsprossen, die an einer Biegung liegt, nämlich der Moselschleife.

Doch wie wurde *die* Kochen zu *dem* männlichen Kocher? Hier nimmt die Fachfrau an, daß einfach eine Umbildung stattgefunden hat, die sich am – ebenfalls männlichen – Neckar orientierte.

Konstanz

Der Name steht seit langem fest

Die erste Silbe im Ortsnamen von *Konstanz* legt den Verdacht nahe, daß da irgendetwas Lateinisches drinsteckt, ebenso wie im Konzil oder in der Konstanten.

Eine Konstante ist eine feststehende Größe, die vom lateinischen Verbum *con-stare* (zusammen-stehen, feststehen) abzuleiten ist. *constans* lautet das entsprechende Eigenschaftswort. Und da *standhaft* zu den eher seltenen und daher umso verehrenswürdigeren Charaktereigenschaften zählt, ist es kein Wunder, daß die alten Römer dieses schmeichelhafte Adjektiv auch zu Personennamen verarbeitet haben. Der bekannteste ist wohl der des Kaisers Konstantin (280–337).

Nach diesem ist anno 330 Konstantinopel – das heutige Istanbul – benannt worden: Konstantinopolis heißt Konstantinstadt. Und Konstanz? Die damals schon existierende römische Siedlung am Bodensee dürfte ebenfalls um jene Zeit einen neuen – ihren heutigen – Namen erhalten haben, allerdings nicht nach Konstantin dem Großen, sondern seinem Sohn Konstantius II. (317–361), von dem übrigens auch die rumänische Schwarzmeer-Stadt Konstanza ihren Namen hat.

Die Historiker begründen diese Annahme damit, daß Kaiser Konstantius II. im Jahre 335 gegen die alemannischen Lentientes zu Felde gezogen ist, die nördlich des Bodensees im Linzgau siedelten. Dessen Name erinnert noch heute an diesen Stamm.

Die römische Siedlung dürfte schon anno 14 n. Chr. existiert haben. Das ist aus dem Kleingeld zu schließen, das einer ihrer

Bewohner damals verloren hat und das die Archäologen unserer Tage gefunden haben. Daß diese Siedlung später umbenannt wurde, könnte mit einer größeren Befestigungs- oder Wiederaufbaumaßnahme zusammengehangen haben.

Allerdings scheint dieses *Constantia*, das erstmals in Schriften des 5. oder 6. Jahrhunderts erwähnt wird, schon relativ bald nach seiner Neubenennung in Trümmer gesunken zu sein, welche die Archäologen wieder freigelegt haben. Die Truppenverbände zogen 401 ab, der Limes am Bodensee und Hochrhein wurde aufgelassen. Dennoch scheint eine romanische Bevölkerung dort weitergelebt und den Namen der Siedlung bewahrt zu haben. Der wurde schließlich ins Alemannische übernommen und mutierte zu *Chostenz*.

Für den Namen *Konstanz* gab übrigens im 11. Jahrhundert der St. Galler Mönch Ekkehart IV. noch eine andere, geographische Erklärung: Dort würden, verbunden durch den Rhein, zwei Seen *zusammen-stehen* – lateinisch *con-stare*. Vielleicht dachte er dabei an das nahe Koblenz. Das hieß ursprünglich *ad confluentes* – „bei den Zusammenfließenden", weil dort die Aare in den Rhein strömt.

Lauter

Lauter lautere Lautern

Trübes Wasser ist nicht erst eine Erscheinung des Industriezeitalters. Das ist dem Umstand zu entnehmen, daß es mehr als einen Fluß gibt, der *Lauter* heißt. Das Land fließt gewissermaßen über vor Lautern. Sie strömen in die Donau, den Neckar, den Rhein, den Glan, die Fulda etc. etc. *Lauter* gehört zur Klasse der germanischen Flußnamen; die Bedeutung des Wortes ist so klar wie lauteres oder geläutertes Wasser: „hell, klar, rein".

Wenn die alten Germanen es für sinnvoll hielten, einen Fluß nach seiner Eigenschaft *Lauter* zu nennen, muß es auch unlautere bzw. trübe Flüsse gegeben haben. Denn sonst hätte man ja vor lauter Lautern die Orientierung verloren, die solche Bezeichnungen bieten sollten. Daß es dennoch eine vergleichsweise stattliche Anzahl von Flüssen dieses Namens gibt, mag als Hinweis dafür gewertet werden, daß die Verhältnisse damals noch einigermaßen klar waren – zumindest im Bereich der Wasserqualität.

Vorteilhaft klingt auch der ebenfalls germanische Name des Neckar-Nebenflusses *Glatt*. Damit war nicht „lustig" gemeint wie im heutigen schwäbischen Sinne, sondern „blank, glänzend". Hierher gehört wohl auch die Blau. Dieser Name bescheinigt dem Flüßchen, das in Blaubeuren aus dem Blautopf quillt, eine Wasserfarbe, die im Falle der vielbesungenen Donau in den Bereich romantischen Wunschdenkens zu verweisen ist.

Lauter: Man mag einwenden, daß dies nicht unbedingt jenes saubere Eigenschaftswort sein muß, sondern auch eine Steigerung sein kann, nämlich die von *laut*. Denkbar ist auch, daß die Altvorderen damit einen Fluß bezeichnen wollten, der mehr Lärm verursachte als das stillere Nachbargewässer. Dieser Gedanke ist schon deswegen nicht von der Hand zu weisen, als es im Unstrut-Gebiet eine *Lude* gibt. Deren Name rührt vom althochdeutschen *hlut*. Und das heißt „laut, helltönend".

Doch das hat mit der Lauter nichts zu tun. Die kommt von althochdeutsch *hluttar*, was, wie schon erwähnt, „hell, klar, rein" bedeutete. Im Mittelhochdeutschen wurde es zu *luter*, das jedoch nicht verwandt ist mit dem Namen des Reformators und Bibelübersetzers. In *Luther* steckt nämlich hinten das Heer und vorn entweder das Volk (liut) oder das Laute, Berühmte (hluta).

Doch bevor die Betrachtungen über den Flußnamen Lauter noch weiter ausufern, halten wir's lieber mit Luther, der da gebot: „Tritt fest auf, mach's Maul auf, hör bald auf."

Mailand

Mit Milano nicht verwandt

Es wirkt schon etwas befremdend, im württembergischen Allgäu auf ein Ortsschild zu stoßen, das den stolzen Namen *Mailand* trägt. Bei näherem Hinsehen entpuppt sich dieses Mailand
dann auch noch als zur Stadt Leutkirch gehörend.

Es gibt eine volkstümliche Erklärung für diesen Namen:
Jenes Mailand liege an der Grenze zwischen freiem Bauernland
und den Besitzungen der Fürsten von Waldburg-Zeil, auf deren
Grund. Der Name rühre mithin daher, daß der Fürst sagte: „Des
isch mei Land."

Diese Erklärung funktioniert natürlich schon deswegen
nicht, weil auch ein oberschwäbischer Fürst zwischen *mei* und
Mai unterscheidet, letzteres wie *Moi* sprechen würde und Mailand dieser Erklärung zufolge *Meiland* zu schreiben wäre. Was
aber hat *Mailand* sonst für einen Sinn?

Walther Keinath, Verfasser des Buches „Orts- und Flurnamen in Württemberg", schreibt, daß Wochen-, Sonn- und Fest-
tage, Monate und Jahreszeiten oft in Flurnamen enthalten
seien. Der Verfasser glaubt, daß dafür in vielen Fällen Termine
für Abgaben, für die Bodenbearbeitung, für Holzfuhren oder
ähnliches ausschlaggebend waren. Auf Grundlage dieser
Erkenntnis wäre *Mailand* als „das im Mai bestellte Land" zu
deuten.

Nun geht die eingangs angesprochene Befremdung darauf
zurück, daß man hinter dem Schild *Mailand* die große Stadt
Milano erwartet. Zwischen Mailand im Allgäu und Mailand in

Italien liegt jedoch nicht einmal eine Namensvetternschaft vor. Denn Milanens deutscher Name ist weder vom Monat Mai noch vom Land abzuleiten.

Vielmehr ist jenes berühmte Mailand etwa 400 vor Christus von den Kelten gegründet worden. Die lateinische Schreibweise des keltischen Ortsnamens lautete *Mediolanum*, was „mitten in der Ebene" bedeutete. Dies schliff sich im Italienischen ab zu *Meiolano*, woraus *Milano* wurde, während es im Althochdeutschen zu *Mailân* und später zu *Mailand* mutierte.

Wenn nun eine Ulmer Innenstadtstraße, die heutige Hirschstraße, vor 1800 noch *Mailand* hieß, dann hat das wiederum nichts mit einem früheren Flurnamen zu tun, sondern mit der Stadt, deren Namen sich ein Zweig der Patrizierfamilie Ehinger zueigen machte. Ihre Sprösse hießen „Ehinger von Mailand". So übertrug sich der Name jener lombardischen Stadt auf die Ulmer Straße, in der sie wohnten.

Noch mehr zum Thema Mailand? Ein Schwabe wird antworten: „Noi, nex mai - land mr mei Ruah!"

Marbach

Mehr Mark als Mähre

Der eine denkt an Schiller, die andere an die Hengstparade: *Marbach* ist ein Ortsname, der nicht nur unterschiedliche Assoziationen zuläßt, sondern auch unterschiedliche Deutungen.

Orte namens Marbach gibt es jede Menge. Das Verzeichnis der Postleitzahlen nennt ein rundes Dutzend – eines davon übrigens bei Marburg –, und dann gibt es noch die, die es nicht mehr gibt. Allein in Baden-Württemberg sind drei von neun in der Landesbeschreibung genannten Marbächen „abgegangen".

Betrachten wir zunächst die „Schillerstadt" Marbach am Neckar (Landkreis Ludwigsburg), die sich hierfür alleine schon deswegen anbietet, weil sie dem Sprachwissenschaftler Lutz Reichardt ihren Schillerpreis für seine Leistungen auf dem Gebiet der Ortsnamenforschung zuerkannt hat.

Reichardt schreibt über Marbach, dies sei ein Gewässername, der auf die Siedlung übertragen wurde und der höchstwahrscheinlich „Grenzbach" bedeute. Das Wort *Mark* im Sinne von Grenzgebiet ist auch heute noch geläufig. Es stammt vom althochdeutschen Wort *marc(h)a* (Grenze).

Allerdings gab es eine ähnliche althochdeutsche Vokabel, die *mar(a)h* lautete. Das bedeutet Pferd, hat in der (Schind-) Mähre überlebt und ist im Bretonischen lebendig, wo Pferd immer noch *marc'h* heißt. Rein sprachgeschichtlich spräche nichts dagegen, daß *Marbach* auch *Pferdebach* heißen kann. Jenes andere Marbach an der Lauter, welches das baden-württembergische Landesgestüt beherbergt, wiehert förmlich nach dieser Lesart.

Aber sie wäre falsch, wofür keine sprachlichen, sondern historische Gründe sprechen. Denn der Ortsname rührt zum einen aus Zeiten, als in Marbach noch niemand von einem Gestüt träumte. Außerdem liegt der Ort an der Grenze zwischen der *Munigiseshuntare* – das war das Gebiet des Münsinger Zentenars – und dem Kirchspiel um Gomadingen.

Grenzen waren mit hoher Wahrscheinlichkeit auch für andere Bäche und danach benannte Orte namengebend, etwa die Grenze zwischen den Bistümern Konstanz und Speyer für Marbach am Neckar oder die Grenze zwischen den Diözesen Mainz und Würzburg für Marbach im Main-Tauber-Kreis. Eine echte Grenzfeste war Marburg an der Drau, während das oben erwähnte Marburg an der Lahn ursprünglich Marbachburg geheißen hatte.

Es spricht beim Ortsnamen Marbach also alles für die Grenzmark und gegen die Mähre. Doch auch die hat ihre Spuren in der Liste der Ortsnamen hinterlassen. Aber nicht etwa in Mähringen, das auf einen Häuptling namens Moro – der Mohr – zurückgeht, sondern in Marchtal. Das war das Tal, in dem die Pferde grasten.

Maßhalderbuch

Maßholder, Affolter, apple-tree

Jedem fällt etwas anderes ein, wenn er im Landkreis Reutlingen dem Ortsschild *Maßhalderbuch* begegnet. Der eine denkt an den ersten Wirtschaftsminister der Bundesrepublik, den seine Leibesfülle nicht daran hinderte, das Maßhalten zu predigen; andere denken weniger an *das* als vielmehr an *die* Maß, die sie gerne halten würden; Geistesmenschen konzentrieren sich gerne auf die letzte Silbe.

Das Schöne auch an diesem Ortsnamen ist: Keine der Vermutungen trifft zu. Es handelt sich um eine Komposition aus zwei vergessenen Wörtern. Wer schließlich weiß heute noch, daß *Maßholder* die altertümliche Bezeichnung für Ahorn ist?

Dieser *Maßholder* ist verwandt mit dem *Maat*, der in seiner ursprünglichen Bedeutung ein Speisegenosse war, und mit der *Mast*: Alle stammen von einer mutmaßlichen germanischen Wurzel, die *mati* gelautet und Speise oder Essen bedeutet haben könnte. Der *Maßholder* war also der Speisebaum, dessen Blätter sich als Futter eigneten.

Im heute verwendeten Begriff *Ahorn* steckt die Wurzel *ak*, die wir auch in der *Ecke* wiederfinden und die spitz meinte. Damit ist das Blatt des Maßholders trefflich beschrieben.

Wenden wir den Blick noch auf dessen Endung -*der*. Sie begegnet uns im Wacholder, im Holunder, auch im Flieder, im Rüster und in allen Ortsnamen, die mit *Affalter*- oder *Affolter*- zusammengesetzt sind. So hieß früher der Apfelbaum, englisch *apple-tree*.

Im *tree* wie im *-ter* – übrigens auch im *Teer* – steckt ein indogermanisches Grundwort, das *deru* geheißen haben könnte und Baum oder Eiche bedeutet hat. Es ist im *Trog* ebenso nachweisbar wie in der *Treue*.

Nun ergibt auch *Ahornbuch* keinen rechten Sinn. Also müssen die Erfinder dieses Ortsnamens mit *-buch* auch etwas anderes gemeint haben als ein Bündel beschriebenes Papier, das zwischen zwei Deckel gepreßt ist. So war es auch: Wie jeder weiß, steht der finstere *Tann* stellvertretend für den Tannenwald. Genauso hat *buch* einst soviel wie der Buchenwald und *eich* oder *aich* soviel wie Eichenwald bedeutet.

Haben wir es also mit einem Ahorn-Buchen-Mischwald zu tun? Wieder falsch! *Buch* wurde zum Begriff für Wald schlechthin. Und so heißt *Maßhalderbuch* eigentlich „Ahornwald", meint aber eine „Siedlung am Ahornwald". Besonders groß ist sie übrigens nie geworden, wie am flachen Format des grünen Ortsschildes unschwer zu erkennen ist. Vielleicht hat ein falsch verstandenes *Maßhalder* weitere Siedlungswillige abgeschreckt.

Neckar

Schwarz, rein oder böse?

„Bald gras'i am Neckar", besingen heimatbewußte Baden-Württemberger ihren 367 Kilometer langen Fluß. Beim Wiederkäuen besteht Gelegenheit, über die Herkunft dieses Flußnamens nachzudenken.

Vermutlich haben sich schon die alten Römer überlegt, was es mit dem Namen jenes Flusses auf sich haben könnte. Sie haben ihn *Nicer* oder *Nigrum* geschrieben, und das bedeutet „schwarz".

Mögen die Römer am Neckar auch schwarz gesehen haben, so ist der Name dennoch nicht auf ihrem Mist gewachsen. Darüber, daß sie ihn schon vorgefunden haben, als sie hier einrückten, sind sich die Gelehrten einig. Nur einer hat einmal den *Nicer* zum Anlaß genommen, aus diesem vermeintlich lateinischen Flußnamen die Theorie abzuleiten, daß die Gestade des Neckars die Urheimat der italischen Völker waren.

Diese These ist zurecht längst vergessen. Auch Jacob Grimms mythologische Mutmaßungen sind von den Flußnamenforschern nicht übermäßig ernstgenommen worden, sind aber dennoch erwähnenswert. Jacob Grimm, der zusammen mit seinem Bruder Wilhelm auch Hausmärchen gesammelt hat, bringt *Neckar* in Zusammenhang mit einem Wassergeist namens Nichus, der wiederum verwandt ist mit den männlichen und weiblichen Nixen.

Grimm überliefert in diesem Zusammenhang noch eine Neckar-Sage: „Der Neckargeist verlangt in der Johannisnacht eine lebendige Seele, drei Tage und Nächte findet man den Ertrunkenen nicht, erst in der vierten Nacht taucht er aus dem Grund, um den Hals einen blauen Ring."

Der Umstand, daß vor den Römern die Kelten im Lande waren, hat die Heimatkundler veranlaßt, den Ursprung des Namens *Neckar* im Keltischen zu suchen. Einer etwa verwies auf den irischen Verbalstamm *neg-*, der „waschen" bedeutet und zum Eigenschaftswort *necht* (rein) führt – das genaue Gegenteil vom *Nicer* also.

Die moderne Ortsnamenforschung hält sich gar nicht erst mit den Kelten auf, sondern sucht gleich bei den Indogermanen. So vermutet Anneliese Schmid ein indogermanisches Grundwort *Nikros*, dessen Wurzel *nik-* soviel bedeutet wie „anfallen, stürzen, heftig beginnen". Lutz Reichardt übersetzt daher *Neckar* als „der heftige, böse, schnelle Fluß". Woraus wir auf das Alter des Namens schließen können: Der muß auf alle Fälle älter sein als die Regulierung und Kanalisierung des Neckars.

Orendelsall

Beten statt Bett

Orendelsall – ein Ortsschild, auf dem weder *-ingen* noch *-hausen* noch *-hofen*, auf dem nicht *Ober-* noch *Unter-* zu finden ist, vermag die Durchreisenden gewaltig zu irritieren.

Der Ortsname Orendelsall verliert etwas an Exotik, wenn man sich im Hohenlohekreis, wo dieses Dorf liegt, noch etwas weiter umsieht: Kirchensall, Mangoldsall, Tiefensall sind dort noch zu finden. Diesen Orten ist gemeinsam, daß sie an einem Bach liegen, der *Sall* heißt, der ihnen den Namen gegeben hat, und der zum Kocher fließt.

Damit sind wir bei den Gewässernamen gelandet. Anneliese Schmid, Spezialistin auf diesem Gebiet, geht davon aus, daß der Name dieses Baches ursprünglich *Salna* gelautet haben muß, verwandt ist mit lateinisch *salum* (Meer, Strömung eines Flusses) und somit zu den typischen alteuropäischen *Wasserwörtern* zählt. Man kann es mit „fließendes Wasser" übersetzen. Dieses alte Wort lebt heute noch fort in Flußnamen wie Saale, den französischen Flüssen Seille und Sauldre, in der Schweiz als Salence und selbst in Dalmatien als Salon.

Was aber hat es mit dem Orendel auf sich? Wer den Verwaltungsraum Öhringen, in dem auch Orendelsall liegt, näher betrachtet, dem fällt auf, daß es dort ein Dorf Oberohrn gibt, das früher *Oren* hieß, daß dort ein Unterohrn, ein Ohrnberg und schließlich Öhringen als solches anzutreffen sind. Gemeinsamer Nenner all dieser Ortsnamen ist die Ohrn, ein anderer Bach, der in den Kocher mündet.

Doch damit sind wir auf die völlig falsche Fährte geraten. Orendelsall hat mit der Ohrn überhaupt nichts zu tun, sondern enthält den Personennamen *Orendel*. Im Jahr 1312 ist ein *Sant Orendels Salle* aktenkundig geworden, und dieser Orendel soll der Sage nach ein Eremit gewesen sein, der dort seine Klause aufgeschlagen hatte. „Orendels Siedlung an der Sall", so hat man diesen Ortsnamen wohl zu übersetzen.

Die Frage ist, ob der Name Orendel an den Trierer Königssohn Orendel aus dem gleichnamigen mittelfränkischen Spielmanns-Epos erinnert, das um 1190 entstanden ist. Jener wollte zur schönen Bride, der Herrin des Heiligen Grabes, reisen, erlitt dabei Schiffbruch, trat in die Dienste eines Fischers, fand in einem Wal den Heiligen Rock, erwarb schließlich Bride, und was tat er, als er endlich am Ziel war? Er gelobte zusammen mit der Begehrten ewige Keuschheit. Beten statt Bett also. Und dazu paßt der Name ganz gut: Der könnte nämlich auf ein lateinisches *Orantilus* zurückgehen, was „kleiner Beter" heißt.

Perouse

Wo man sich in Frankreich wähnt

Perouse – das klingt nach Urlaub in Frankreich. Doch der Ortsname überrascht den Reisenden im zutiefst schwäbischen Landkreis Böblingen. Perouse: Dieser Ortsname ist tatsächlich französisch; ebenso wie die Namen der nicht allzuweit entfernten Gemeinden Pinache und Serres.

In Perouse, das übrigens auf der ersten Silbe betont wird, wohnt Erich Vinçon, dessen Familienname ebenfalls auf der ersten Silbe betont und von der schwäbischen Umgebung *Weso* ausgesprochen wird. Er kann die Geschichte seines Heimatortes erklären, die in das Jahr 1699 zurückreicht.

Im Jahr zuvor, 1698, sind die Waldenser, eine reformierte Glaubensgemeinschaft, aus ihrer piemontesischen Heimat ausgewiesen worden. Die Waldenser-Bewegung war im 12. Jahrhundert von einem reichen Lyoner Kaufmann namens Valdez ins Leben gerufen worden.

Die Geschichte der Waldenser ist eine Geschichte der Verfolgungen. Nach ihrer Flucht aus dem Piemont 1698 hielten sie sich ein dreiviertel Jahr lang in der Schweiz auf und wurden von dort aus „verteilt". 60 der Waldenser-Familien, die unter Herzog Eberhard Ludwig in Württemberg aufgenommen worden waren, legten den Ort Perouse an und benannten ihn nach ihrer Heimat: Sie stammten aus dem Perosa-Tal in Piemont.

Die „Welschen", wie sie von ihren schwäbischen Nachbarn genannt wurden, blieben zunächst unter sich und sprachen weiter ihre Heimatsprache, das *Patois*, einen südfranzösischen Dialekt.

Ihre Kirchensprache blieb bis um 1800 Französisch. Dann kam Deutsch hinzu – mit wachsendem Gewicht: 1823 wurden die Waldensergemeinden an die evangelische Landeskirche angeschlossen und das Französische wurde verboten.

Noch heute erinnert neben den Orts- auch eine Reihe von Familiennamen an die Geschichte dieser Siedlungen. Vinçon zählt einige auf: Charrier, Baral, Baret, Gayde, Simondet … Auch die Dörfer unterscheiden sich von den schwäbischen: „Sie wurden alle nach ein und demselben Plan gebaut", sagt Vinçon. „Man hat halt auch damals schon gespart."

Pforzheim

Phorcys, porta oder portus?

Es ist nicht notwendig, an dieser Stelle die diversen vulgär-etymologischen Erklärungen des Ortsnamens *Pforzheim* zu wiederholen. Es genügt festzustellen, daß sie nichts als heiße Luft sind.

Pforzheims berühmter Sohn, der Humanist Johannes Reuchlin (1455–1522), hat den Namen seiner Vaterstadt auf Phorcys zurückgeführt, einen angeblichen Trojaner. Doch der dürfte als Namenspender für Pforzheim ebensowenig in Frage kommen wie sein Namensvetter, der griechische Meergott Phorkys. Schließlich ist der Nordrand des Schwarzwaldes ziemlich weit vom nächsten und noch weiter vom griechischen Meer entfernt.

Wenn wir allerdings die derzeit gültige Deutung des Ortsnamens erfahren, werden wir erneut an das Meer erinnert: *Pforzheim* beruhe auf dem lateinischen Hauptwort *portus* (Hafen). Ein Hafen? Wo? An der Enz? Haben die Namensinterpreten vielleicht *portus* mit *porta* verwechselt, von der unser Wort *Pforte* kommt? Immerhin hat auch Reuchlins Großneffe Philipp Melanchthon gemutmaßt, daß die hier wohnenden Römer die Siedlung *Porta* genannt hätten, was als *Porta hercyniae silvae* zu verstehen sei: „Pforte der herkynischen Wälder", einem Sammelbegriff für die Wälder nördlich der Donau.

Doch nein: Die neuere Ortsnamenforschung hält *portus* für wahrscheinlicher als *porta*, wobei sie *portus* allerdings nicht mit „Hafen", sondern mit „Furt, Anlände" oder sogar „Zollstelle" übersetzt. Denn aus einer römischen Inschrift ist bekannt, daß im Ort *Port*, dessen Name auf einem 1934 gefundenen Meilenstein genannt ist, ein Posten der Straßenpolizei, der *beneficarii*, stationiert war. Entstanden ist die Siedlung *Port* um 90 nach Christus, aufgegeben wurde sie 259/260, als Franken und Alemannen den Limes durchbrachen.

Was dann dort geschehen ist, liegt im Dunkel der Geschichte. Im 7. Jahrhundert ist ein *Porza* genannt, das doch sehr stark an das *Port* auf dem Meilenstein erinnert. Und 1067 führte Pforzheim bereits seinen heutigen Namen, der sich allerdings zwischendurch noch einige Male geringfügig veränderte (1338: Portzheim, 1257: Phorzein, 1689: Pforzen).

Eine ähnliche Entwicklung vermuten die Namenforscher für die Ortsnamen von Pforz am Rhein, Piesport an der Mosel und Pforzen an der Wertach. Und international wäre an Porto in Portugal zu erinnern, wo der berühmte Portwein herstammt. Würde in Pforzheim Wein angebaut – wer weiß: Vielleicht würde er Pforzwein heißen.

Rems

Vom Schwitzen und vom Ruhen

Ruhig rinnt die Rems durch das gleichnamige Tal neckarwärts. In dieser Ruhe dürfte die Erklärung für ihren im übrigen recht einsilbigen Namen liegen.

„Dunkel ist die Etymologie der Rems", so hatte noch 1930 der damals führende Flußnamenkundler Otto Springer geschrieben. Ganz vorsichtig deutete er die Möglichkeiten an, daß in der *Rems* das mundartliche Wort *Rams* (Stein, Schuttbrocken) stecke oder ein „aus anderen germanischen Sprachen zu erschließendes (h)ramsa (so altenglisch bezeugt) mit der Bedeutung Bärlauch".

Springer hätte gar nicht im Altenglischen suchen müssen. Hermann Fischer zitiert in seinem Schwäbischen Wörterbuch: „Ramsel heissen solche Kräuter, welche, von Kühen gefressen, auf den Geschmack der Milch einwirken." Und er nennt die Pflanze beim lateinischen Namen *allium ursinum* – Bärlauch.

Davon möglicherweise abgeleitet ist das einzigartige Zeitwort *rämselen* (nach Schweiß riechen). Fischer verweist hier auf ein anderes, weiterführendes Zitat, das noch detailliertere Auskünfte bereithält: „Von dem Geruch, so under den Uchsen entstehet... Diesen ubelriechenden Gestank nennen wir remselen." Rämselen bedeutete aber auch „nach Knoblauch stinken", was man bekanntlich nach dem Genuß von Bärlauch tut. Insofern läßt es aufhorchen, wenn Fischer im Zusammenhang mit dem Flußnamen Rems mitteilt, daß das Remstal vom Volk meist *Ramstal* genannt wurde. War dies als dezenter Hinweis auf den Geruch zu deuten, welcher ein von notorischen Schaffern besiedeltes Tal erfüllte?

Oder haben die Remstäler gerne Karten gespielt? Denn laut Fischer war *Rams* auch ein verbreitetes Kartenspiel. Wir kennen in diesem Zusammenhang den Begriff *Ramsch*. Doch beides kommt vom französischen *ramasser* (einsammeln).

All diese Überlegungen sind hinfällig, folgt man dem neuesten Forschungsstand. Tatsächlich hieß die Rems vor etwa tausend Jahren noch *Rames*. Anneliese Schmid rekonstruiert daraus eine alteuropäische *Remis(i)a* mit einem langen *e*. Und darin erkennt sie die indogermanische Wurzel *rem*, die „ruhen" bedeutet.

Da sich die Rems nur durch einen Buchstaben von der wesentlich größeren Ems unterscheidet, liegt die Frage nahe, ob es da irgendwelche Namensverwandtschaften gibt. Antwort: Nein, wiewohl auch hier ein alteuropäischer Flußname und eine indogermanische Wurzel vorliegen. Doch diese Wurzel heißt *am*, bedeutet „Graben, Flußbett" und steckt auch in der Ohm, einem Nebenfluß der Lahn.

Da der Name der Rems damit hinreichend erklärt sein dürfte, wollen wir nicht ins Rämseln geraten und weitere Erörterungen auf sich beruhen lassen.

Rhein

Älter als Kelten und Germanen

Mit der Erklärung des Flußnamens *Rhein* wären die meisten schnell im Reinen, wenn das *h* und die Schadstoffbelastung nicht wären. Doch mit *rein* hat der Name wirklich nichts zu tun.

Um gleich beim *h* zu bleiben: „Gelehrtenzopf" – so hat schon Adolf Bacmeister vor über 130 Jahren in seinen „Alemannischen Wanderungen" diese Schreibweise bezeichnet. Sie lehnt sich nämlich – wie auch das Rhinozoros und der Rheumatismus – an die griechische Schreibweise an, in der das *r* – griechisch: *rho* – einen Hauch von *h* enthielt.

Tatsächlich kannten schon die alten Griechen den Rhein und nannten ihn *Rhenos*. Mit diesem Namen soll ihn der griechische Geograph Pytheas von Massilia bezeichnet haben, dessen Schriften leider nur indirekt überliefert sind. Er hatte im 4. Jahrhundert eine Expedition nach Norden unternommen, die ihm wohl auch den Rhein näherbrachte.

Natürlich haben die Griechen diesen Namen nicht erfunden, sondern vorgefunden. Die Sprachwissenschaftler gehen davon aus, daß sowohl der griechische Rhenos wie der lateinische Rhenus auf ein gallisches bzw. keltisches *Renos* zurückgeht. Der deutsche *Rhein* hingegen stammt vom germanischen *Rin* ab, den die Franken den Franzosen vererbten. Bei denen schreibt sich der Fluß noch heute *Rhin*.

Wer hat den Namen nun von wem übernommen? Die Kelten von den Germanen oder umgekehrt? Weder noch: Der Name ist älter als Kelten und Germanen und dürfte ursprünglich *Reinos* gelautet haben. Er gilt somit als „vorgeschichtlich" und ist auch schon als illyrisch oder indogermanisch gedeutet worden. Jedenfalls sind Kelten und Germanen irgendwann in grauer Vorzeit auf diesen *Reinos* gestoßen und haben seinen Namen später entsprechend ihren Lautgesetzen abgewandelt.

Läßt sich heute noch feststellen, was dieses *Reinos* bedeutet haben mag? Die Wissenschaftler bejahen diese Frage und bedienen sich der mutmaßlichen Nachfahren jenes Urwortes. Einer davon ist das mittelirische *rian*, das „Meer" bedeutete. Auch das lateinische *rivus* (Fluß), das in spanisch *rio* weiterlebt und im englischen *river* steckt, sowie das altbulgarische *reka* – identisch mit dem serbokroatischen Wort für Fluß – zählen zu den Kindern des *Reinos*, der daher mit „Fluß, Strom" übersetzt wird.

Also bedeutet *Rhein* letztlich „Fluß", ist mit dem Wort *rein* nicht verwandt und dieser Eigenschaft in keiner Weise verpflichtet.

Ries

Römer, Raeter und ein Meteor

Ries: So heißt nicht nur das jedem Kreuzworträtsler vertraute Papiermaß mit vier Buchstaben, sondern auch ein Meteoritenkrater zwischen Schwäbischer und Fränkischer Alb.

Der Meteorit, der vor 14,7 Millionen Jahren mit einer Geschwindigkeit von 15 Kilometer pro Sekunde die Alb-Oberfläche durchschlug, hat jenen Kessel geschaffen, dessen Durchmesser etwa 25 Kilometer mißt. Dieses astronomische Ereignis hätte es sicher gerechtfertigt, die Landschaft danach zu benennen, etwa *Sternenhau* oder so ähnlich. Doch die damals lebenden Primaten dachten noch nicht an Landschaftsnamen. Und später wußte niemand mehr, woher dieser runde Rand kam, dessen Innenfläche heute *Ries* heißt.

Ries: Mit dem Papiermaß, das vom arabischen Wort *rizma* abstammt, hat das nichts zu tun. Auch nicht mit den Riesen, obwohl es denkbar wäre, daß die Altvorderen das Ries für ein Werk von Riesen hätten halten können – gewissermaßen für ein Riesenloch.

Tatsächlich geht der Name auf die römische Provinz Rätien (Raetia) zurück, die allerdings um ein Erhebliches über den Kraterrand hinausreichte: Im ersten nachchristlichen Jahrhundert umfaßte sie auf etwa 80 000 Quadratkilometern die Südostschweiz, Vorarlberg sowie das Alpenvorland zwischen Bodensee und dem raetischen Limes nördlich der Donau.

Diese Provinz wiederum wurde nach den Raetern benannt, welche der römische Geschichtsschreiber Titus Livius für ver-

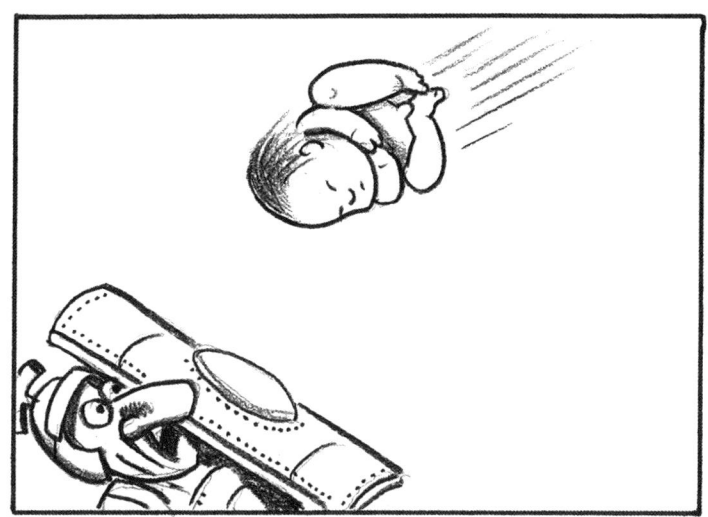

wilderte Etrusker hielt, und denen die alten Römer schreckliche Dinge nachsagten, etwa daß die rabiaten Raeterinnen im Notfall sogar ihre eigenen Kleinkinder als Geschosse einsetzten – ohne Rücksicht auf die frühkindliche Psyche.

Dieser Volksname hat sich lange gehalten, er taucht etwas verändert noch in einer Urkunde des Jahres 1007 auf, wo es heißt: *in pago Riezzin* – „im Gau bei den Bewohnern der Raetia". Das könnte, ebenso wie das frühere *in pago Rezi* aus dem Jahr 760, die lateinische Übersetzung einer althochdeutschen Gaubezeichnung gewesen sein, die dann *in Rezi-gouwi* gelautet haben dürfte.

Warum aber hat sich das Andenken an die einst so große Provinz auf das Gebiet innerhalb des Kraterrandes begrenzt? Diese Frage ist leider nicht so leicht zu beantworten wie die nach dem Papiermaß mit vier Buchstaben.

Riß

Von der Eiszeit zum Dnjepr

Durch Oberschwaben geht zwar kein Riß, aber eine Riß. Sie fließt zur Donau und hat einer Eiszeit den Namen gegeben, die vor 270 000 bis 150 000 Jahren für ein frostiges Klima gesorgt hat.

Wer oder was aber hat der Riß den Namen gegeben? Auch wenn ihre Taufe erst nach der Würm-Eiszeit stattgefunden hat – die begann vor 75 000 und endete vor 10 000 Jahren –, läßt sich heute nicht mehr feststellen, wer sie einst vollzog.

Auch *Riß* gehört vermutlich zu den alteuropäischen Gewässernamen. Darin steckt wohl die indogermanische Wurzel *reus*, die eine eilige Bewegung bezeichnet. Vor sechs Jahrhunderten wurde die Riß noch *Rüß* geschrieben. Weitere hundert Jahre früher hieß sie, zumindest auf lateinisch, *Russaia*, wie der Formulierung *apud aquam Russaiam* – bei dem Wasser Russaia – zu entnehmen ist.

Wem das ziemlich russisch vorkommt, der sei daran erinnert, daß der Name jenes Volkes auf die *rus*, die wikingischen Ruderer zurückgeht, die Kiew gegründet haben. Die Wikinger ruderten mithin auf dem Dnjepr und auch sonst durch halb Europa, aber auf der Riß sind sie nicht nachzuweisen. Doch jene Alteuropäer, die der Riß den Namen gaben, waren auch in der Gegend des Dnjepr zugange; jedenfalls heißt einer seiner Nebenflüsse *Ros* und ist mit der Riß direkt namensverwandt.

Die Riß ist also – zumindest dem Namen nach – ein eiliger Fluß. Sie fließt unter anderem durch ein Dorf mit dem reizvollen Namen *Rißtissen*. Da das im benachbarten Landkreis Neu-Ulm liegende Illertissen ebenfalls die erste Hälfte seines Namens einem Fluß verdankt, drängt sich der Verdacht auf, daß dieses *-tissen* etwas mit fließenden Gewässern zu tun haben muß. Diesem Namen liegt vermutlich ein germanisches *thus* (*th* wie englisch auszusprechen) zugrunde, was „(Wasser-) Schwall" bedeutete.

In mittelalterlichen Belegen erscheint Rißtissen als *Tussen*, und das erinnert uns doch unwillkürlich an den Plural der *Tussy*, einer häufig benutzten Vokabel aus dem Wortschatz jugendlicher Machos. Aber die ist wohl die Nachfolgerin der noch vor etwa einem Jahrzehnt von damaligen Jungmännern gerne bemühten *Thusnelda*. Die erste Trägerin dieses Namens war bekanntlich die Gattin Hermann des Cheruskers, und was ihr Name bedeutete, ist nicht so recht klar.

Der Vollständigkeit halber sei noch angemerkt, daß dieses *-tissen* nichts mit den ähnlich klingenden Familiennamen Thiesen, Thießen, Thyssen zu tun hat. Die bezeichneten den Sohn des Tieß, Kurzform von Matthäus, und dieser Name bedeutet „Geschenk Gottes" – auf griechisch *Theodor*. Aber damit wollen wir es gut sein lassen. Sonst landen wir irgendwann wieder in der Eiszeit.

Schnürpflingen

Der Bogenschütze stand Pate

Obwohl sich unter *Schnürpflingen* niemand etwas Konkretes vorstellen kann, reizt der Name dieses Ortes im Alb-Donau-Kreis viele zum Lachen – ebenso wie etwa *Bempflingen*, das irgendwie nach einer halbgaren Dampfnudel klingt. Liegt's an der Häufung von Mitlauten mit dem *pf* in der Mitte? Wie auch immer: Mit dem ersten Schnürpflinger dürfte nicht zu spaßen gewesen sein.

Von *Snurpfelingen* ist in einer Urkunde aus dem Jahr 1260 die Rede. Von da ist es nicht mehr weit zum *Snurre(n)pfeil*, den Lutz Reichardt als namengebend für *Schnürpflingen* hält. Demnach muß der Mann, der so genannt wurde, Bogenschütze gewesen sein, was sein Beiname *Snurrenpfeil* ausdrückte. Der gehört in die Kategorie der „Satznamen", weil er aus einem kompletten Satz, einem Befehl, besteht: „Snur den Pfeil!" *Snuren* bedeutet „sausen lassen", und somit heißt dieser Befehl: „Laß den Pfeil sausen!"

Es gibt ähnliche Namen, die teilweise Rückschlüsse auf den Beruf des Trägers zulassen. *Schwingenhammer* etwa deutet auf einen Schmied, *Spaltenstein* heißt „Spalte den Stein". *Zickendraht* hat nichts mit Kleinviehhaltung zu tun, sondern mit dem Drahtziehen.

Der Übername für Bogenschützen ist mehrfach nachgewiesen. 1396 wirkte ein *Nickel Snorrenpfiel* als Ratmann zu Pirna, in Würzburg ist 1409 ein Bürger namens *Hans Snurrenpfil* aktenkundig und in Berlin gab es 1488 einen *Laurenz Snurrepil*.

Nun gehört Schnürpflingen zu den *-ingen* – Namen, die vom 5. Jahrhundert an in Deutschland auftauchten. Die sind meist an einen Personennamen angehängt. Wenn etwa ein Alemannenhäuptling *Sigmar* hieß, dann nannte man einen, der zu ihm gehörte, einen *Sigmaring*. Die Mehrzahl, also die „Leute des Sigmar", waren die *Sigmaringa*. Das *-en* am *-ing* wiederum ist eine Dativ-Plural-Endung, und so bedeutet *Sigmaringen* „bei den Leuten des Sigmar" und *Schnürpflingen* eben „bei den Leuten des Snurrenpfeil".

Allerdings hat es sich erst ziemlich spät eingebürgert, derlei Beinamen zur Grundlage eines Ortsnamens zu machen, denn solche „Satznamen" sind erst seit dem frühen 12. Jahrhundert nachweisbar. So ist es in diesem Falle der Ortsnamenforscher, der den entscheidenden Hinweis auf das Alter des Ortes gibt. Und bisher sind auf Schnürpflinger Gemarkung noch keine Pfeilspitzen ausgegraben worden, die diesen Hinweis Lügen strafen würden.

Schopfloch

Von Schöpfen und Löchern

Zwei Worte, von denen jedes für sich einen Sinn ergibt, die zusammengefügt jedoch einigermaßen surrealistisch wirken: *Schopfloch*. Was will uns dieser merkwürdige Ortsname sagen?

Es gibt mehrere Schopflöcher: Eines liegt im Schwarzwald bei Freudenstadt, eines im Landkreis Esslingen auf der Schwäbischen Alb, in dessen Nähe ein reizvolles kleines Hochmoor liegt. Lutz Reichardt führt diesen Ortsnamen auf einen Flurnamen zurück. Dessen Bedeutung interprertiert er als „lichter Wald, der wie ein Haarschopf aussieht".

Damit wäre also der *Schopf* durchaus wörtlich – auch im heutigen Sinne – zu nehmen. Doch beide Wörter, die den Namen ausmachen, deuten in den Wald. Denn *Schopf* kann, wie Reichardt bemerkt, nicht nur das Haarbüschel über der Stirn, sondern auch eine kleine Baumgruppe meinen.

Nicht nur der Schopf hat Einzug gehalten in Flur- oder Geländenamen, sondern auch der Scheitel, vor allem aber der Kopf. Zahlreiche Berge führen den Kopf, das Haupt und nicht zuletzt den Grind im Namen. Auch der entgegengesetzte Pol des Körpers hat Pate gestanden etwa in Namen wie *Auf dem Bürzel* oder *Hundsarsch*.

Und damit wären wir beim zweiten Teil des hier zu behandelnden Ortsnamens angelangt, der allerdings mit der Anatomie von Mensch oder Vieh nichts zu tun hat. Schopfloch ist nicht der einzige Ort, der auf *-loch* endet. So gibt es eine ganze Reihe von Dörfern, die etwa Mucken- oder Mückenloch heißen

(Muckenschopf gibt es übrigens auch). Oder denken wir an den Stuttgarter Stadtteil Degerloch.

Doch dieses -*loch* hat einen anderen Sinn als den einer Höhle oder eines Nichts mit etwas drumherum. Es kommt von althochdeutsch *loh*, und auch das bedeutete „lichter Wald, Gebüsch, bewachsene Lichtung". Dieses Wort bezeichnete einen kleinen Wald im Privatbesitz, der teilweise der Weide, teilweise der Jagd diente. Es kommt auch in anderen Ortsnamen vor, etwa in Finsterlohr oder Lehrensteinsfeld. Das Dorf Lehr hieß früher Löher, und das ist die Mehrzahl von Loh. Auch der Personenname Löhle ist darauf zurückzuführen.

Schweifen wir abschließend noch kurz in die Ferne mit einer naheliegenden Frage: Sind die schottischen *Löcher* wie etwa das berühmte Loch Ness irgendwie mit den hier behandelten Ortsnamen verwandt? Nein. Das schottische *loch* ist ein gälisches Wort, das „See" oder „Meeresarm" bedeutet. Es ist verwandt mit dem lateinischen *lacus* (See) und dem deutschen Wort *Lache*.

Schussen

Schuß ja, Schiet nein

Wer bei Nennung des Namens der Schussen bzw. der nach ihr benannten Stadt Bad Schussenried an einen Schuß denkt, liegt gar nicht so falsch.

Um Mißverständnisse gleich von vornherein zu unterbinden: Es geht hier nicht um dümmliche Sprüche von der Art: Wer einen Schuß hat, kommt nach Schussenried. Denn der Umstand, daß sich dort ein Zentrum für Psychiatrie befindet, hat mit dem Namen von Ort und Fluß natürlich überhaupt nichts zu tun.

Ebenso wie die Schutter gehen auch die Schozach, die Schunter, die Schondra und die Schussen selbst auf eine indogermanische Wurzel *skeud* zurück, die „werfen, dahinschießen" bedeutet und der auch das althochdeutsche Verb *sciozan* (schießen) entsproß. Frei übersetzt bedeutet der Name der *Schussen*, die anno 816 noch als *fluvium Scussna* – Fluß Scussna – bezeugt ist, mithin „die Schnelle". Bruno Boesch zählt die Bezeichnung zu den deutschen Gewässernamen.

Betrachtet man übrigens die weiteren Abkömmlinge der indogermanischen Wurzel *skeud*, so irritiert nicht nur das krimgotische *schieten*, sondern auch das ebenso geschriebene neuniederländische Zeitwort. Besteht hier etwa ein Zusammenhang zu dem niederdeutschen Hauptwort *Schiet*?

Da dem Reinen alles rein ist und der Wissenschaft erst recht, darf man ruhig einmal in Kluges Etymologischem Wörterbuch der deutschen Sprache nachschlagen, wo *scheißen* als starkes

Verb, vulgär, nachweisbar seit dem 11. Jahrhundert, ausgewiesen ist, das auf mittelniederdeutsch und mittelniederländisch noch *schiten* hieß.

Doch während *schießen* auf ein germanisches *skeuta* zurückgeführt wird, leiten die Sprachforscher *scheißen* von einem germanischen *skeita* ab. Das sei eine „Bedeutungsspezialisierung" der indogermanischen Wurzel *skeid*. Die bedeutet „spalten, trennen" und steckt auch in *scheiden*. So betrachtet, handelt es sich bei jener zwar häufig, aber meist hinter vorgehaltener Hand benutzten Vokabel im Grunde um nichts Anrüchiges, entpuppt sie sich doch als Verwandte des unverdächtigen Wortes *Ausscheidung*.

Und wenn wir die Verwandtschaft noch weiter untersuchen, landen wir schließlich im theologischen Bereich. Denn daher rührt auch das griechische Wort *Schisma* (Trennung), mit dem die Spaltvorgänge in der Kirche bezeichnet werden – etwa zwischen römisch-katholisch und griechisch-orthodox. Das *s* und das *ch* am Beginn des Wortes wurden übrigens getrennt und nicht als *sch* gesprochen.

Doch mit der Schussen hat das Schisma nichts zu tun. Bei dem sind wir nur deswegen gelandet, weil der Name der schnellen Schussen so rasch erklärt war.

Schwaben

Sueben, Schwaben und Schaben

Auf der politischen Landkarte ist Schwaben nur in Bayern zu finden, wo ein Regierungsbezirk so heißt. Auf der württembergischen Landkarte hingegen ist *Schwäbisches* nur in geographischem Sinne zu finden: Schwäbische Alb, Schwäbisch Gmünd, Schwäbisch Hall, Schwäbischer Wald u.s.w. Der Name *Schwaben* ist in Württemberg auf ein Eigenschaftswort reduziert, sieht man von Komposita wie *Oberschwaben* ab.

Das Schwabenland, das vom Schwarzwald bis zum Lech und vom mittleren Neckar bis zum Bodensee reicht, ist benannt nach den Schwaben. Der Landesname ist ein Dativ Plural des althochdeutschen Wortes *Swaba* (Schwabe). Er bedeutet somit „bei den Schwaben".

Die wiederum waren bereits den alten Römern bekannt, die sie *Suebi* nannten. Caesar hat sie bekämpft und beschrieben, und Tacitus fand ihre Haartracht, den *Suebenknoten*, bemerkenswert.

Ursprünglich hatten die Sueben oder Sweben noch wesentlich weiter nördlich gewohnt, nämlich in der Gegend des heutigen Brandenburg, das man somit eigentlich als *Alt-Schwaben* bezeichnen könnte. Sie zählen zu den *Elb-Germanen*. Eine Unterabteilung dieser Urschwaben sind die Neckar-Sueben, die zu Beginn des 2. Jahrtausends in der Gegend um Ladenburg siedelten, im heutigen Nordbaden.

Schwaben kommt also von den *Sweben*, aber was hat eigentlich deren Name bedeutet? Es wird angenommen, daß die germanische Bezeichnung *sweba* lautete, die wiederum vom indogermanischen Wort *suebho* abzuleiten ist. Darin steckt das besitzanzeigende Fürwort *sue-* oder *suo-*, das auch dem lateinischen *suus* bzw. *sua* (sein/ihr) zugrundeliegt. *Suebho* wird infolgedessen übersetzt mit „frei, zum eigenen Volk gehörend".

Die Schwaben waren zunächst so frei, ein Weilchen in der Gegend umherzuziehen, bevor sie sich in ihrem heutigen Siedlungsgebiet niederließen. Ein Teil von ihnen zog es vor, in die iberische Halbinsel einzufallen, wo sie im 5. Jahrhundert in Galicien ein Königreich der Sweben errichteten, bis sie von den Westgoten unterworfen wurden.

Um das Kapitel Schwaben zu vervollständigen: Böswillige bezeichnen mit diesem Namen auch die Küchenschaben oder Kakerlaken. Doch die Schwaben können sich damit trösten, daß diese Insekten auch als *Russen* bezeichnet werden, in Rußland als *Preußen* (prusák), auf polnisch heißen sie *Franzose* (francuz) und auf venezianisch *Slawe* (sciavo). Im übrigen muß keines der genannten Völker über diese Bezeichnung traurig sein, denn die Schabe gehört zu den erfolgreichsten Arten der Evolution.

Schwäbische Alb

Die Alpen der Schwaben

In den Alpen gibt es Almen, im Schwäbischen gibt es die Alb. In Italien erheben sich die Albaner Berge, das Land der Skipetaren heißt Albanien, und alle diese Namen sind miteinander verwandt.

Den Albverein versehentlich mit dem Alpenverein zu verwechseln, ist der Alptraum jedes Lokalredakteurs auf der Schwäbischen Alb. Dabei wäre diese Verwechslung – allerdings ausschließlich unter sprachgeschichtlichen Aspekten! – verzeihlich. Denn die Alb ist nichts anderes als die Einzahl der Alpen.

So ganz hundertprozentig gesichert ist die Herkunft dieser Bezeichnung nicht. Die Namenforschung führt sie auf eine vorindogermanische Wurzel zurück, die *alb* gelautet und „Berg" bedeutet haben dürfte. Ein Zusammenhang mit dem lateinischen Eigenschaftswort *albus*, das „weiß" heißt, ist nicht auszuschließen. Denn das lateinische *albus* geht auf ein gleichbedeutendes indogermanisches *albh* zurück, und denkbar wäre, daß ein schneebedeckter Berg als *albha* bezeichnet wurde und dieses Wort schließlich auf den Berg als solchen übertragen wurde. Von diesem *albh* wird übrigens auch der Flußname Elbe abgeleitet, der ein helles Wasser kennzeichnete.

Auf die Grundbedeutung „Berg" geht auch *die Alpe* im Sinne von „Weideplatz auf einem Berg" zurück. Deren mundartliche Varianten sind die Alp und die Alm. Doch zurück auf Hügel und Berge: Während die Alpen schon von den alten Griechen so genannt wurden, ist der Name der Schwäbischen Alb allein

schon deswegen jünger, weil zur Zeit der alten Griechen die Schwaben noch an der Elbe saßen.

Alpes war die lateinische Bezeichnung der Alpen, die auch auf die Alb angewandt wurde. Daher ist nicht so ganz sicher, welche der alten Schriften die Alb meinen, wenn darin von *alpes* die Rede ist. Von der „Schwäbischen Alb" schreibt erstmals 1488/89 der Ulmer Dominikanermönch Felix Fabri – auf gut lateinisch nannte er sie *Svevorum alpes*, die „Alpen der Schwaben".

Begeben wir uns noch kurz ins Reich der Alpträume, die durch Berge von Sorgen ausgelöst werden. Für den Alp wurden früher die *Alben* verantwortlich gemacht, mythische Geschöpfe mit menschlichen, göttlichen und zwergenhaften Zügen, deren weibliches Gegenstück die Elfe ist. Warum die Alben so heißen, ist unklar. Waren sie ursprünglich Geister der Berge? Oder waren es weiße Lichtgestalten? Immerhin kennt die nordische Sage sogenannte *Lichtalben*, die nicht zu verwechseln sind mit den Lichtbilder- oder Fotoalben, obzwar auch die (*Album*: das Weiße) eventuell mit der Alb verwandt sein könnten.

Schwäbisch Hall

Schwäbische Frankenstadt

Im Fall von Schwäbisch Hall stellt sich zunächst einmal die Frage, warum eine Stadt, deren Bewohner eine fränkische Mundart sprechen, sich das Attribut *Schwäbisch* zulegt.

Der älteste schriftliche Beleg für das heutige Schwäbisch Hall stammt aus dem Jahr 1037 und lautet auf das *obere Hall*. Wenig später schrieb ein Chronist, daß der Reichstag des Jahres 1190 in „Hall in Schwaben" stattgefunden habe.

Hall lag damals im Kernland der Staufer, und die Staufer waren die Herzöge von Schwaben. Das mag die Lokalisierung der fränkischen Stadt als *in Schwaben liegend* erklären. Manche Historiker sagen daher auch, daß *Schwäbisch* Hall im Grunde *Staufisch* Hall meine.

Während in diesem Fall der Zusatz *Schwäbisch* eher der geographischen Unterscheidung vom bayerischen Reichenhall, dem sächsischen Halle und dem Tiroler Hall dienen sollte, gab es später gute rechtliche Gründe, die dieser Namen-Erweiterung Dauer verliehen.

Unter Rudolf von Habsburg nämlich wurde Hall der Landvogtei Niederschwaben zugeschlagen, die ihrerseits fränkisches Gebiet umfaßte. Diese Zugehörigkeit unterstrich Hall, als es in der ersten Hälfte des 15. Jahrhunderts vom fränkischen Landgericht Würzburg verurteilt worden war: Dieses fränkische Gericht sei für das niederschwäbische Hall nicht zuständig. Seither hatte die Bezeichnung *Schwäbisch Hall* für die Reichsstadt Hall, die überdies Mitglied des Schwäbischen Reichskrei-

126

ses war, offiziellen Charakter. 1934 wurde sie schließlich amtlich.

Doch nun zu *Hall*: Der Name ist, wie bereits angemerkt, keineswegs einmalig. Gemeinsamer Nenner all jener Städte, die so oder so ähnlich heißen – etwa Hallein oder Hallstatt – ist die Salzgewinnung. Die dürfte dort bereits zu vorgermanischer Zeit stattgefunden haben, also zur Zeit der Kelten – man denke an die Hallstatt-Kultur – oder noch früher. Entsprechend alt ist die Bezeichnung jener Stätten, die dazu geführt hat, daß im Mittelhochdeutschen das Wort *hal* zur Bezeichnung der Salzquellen oder Salzwerke schlechthin wurde.

Betrachten wir noch kurz ein anderes Produkt, das dem Haller Namen weite Verbreitung gebracht hat: der Heller. Eigentlich müßte man ihn mit *ä* schreiben, denn es handelt sich bei dieser Münze um den Haller – oder Häller – Pfennig. Auch der geht zurück auf die Staufer, welche, wie wir gesehen haben, nicht nur jene Münze geprägt haben, sondern auch die Stadt.

Schwarzwald

„Schwarzwald": Alles klar?

Das einzige Rätsel, das der Name des Schwarzwalds enthalten mag, ist die Frage, warum ein Wald so heißt, dessen charakteristische Baumart die Weißtanne ist.

Die Tatsache, daß der Name *Schwarzwald* von seinem Sinn her unzweideutig und klar verständlich ist, muß noch lange nicht bedeuten, daß es dazu nichts mehr zu fragen gibt. Allerdings lautet die Frage in diesem Falle nicht: Was bedeutet Schwarzwald?, sondern: Wie kommt es, daß dieses Mittelgebirge im Gegensatz zu den anderen einen so wenig rätselhaften Namen hat?

Das liegt ganz einfach daran, daß dieser Name rein deutsch und völlig frei ist von keltischen, römischen oder alteuropäischen Relikten, die heute keiner mehr versteht. In geschriebener Form erscheint er erstmals in einer Urkunde aus dem Jahr 868, in der vom *Svarzwald* die Rede ist. Die Alemannen könnten, als sie in das Gebiet einwanderten, diesen Namen geprägt haben.

Er ist übrigens keineswegs einmalig: Nadelwälder wurden auch in anderen Gegenden als *Schwarzwälder* bezeichnet. Der Namenforscher Bruno Boesch wies darauf hin, daß die alpinen *Todwälder* das keltische Wort *dubo* (schwarz) enthalten könnten.

Da der Schwarzwald schon stand, bevor die Alemannen kamen, erhebt sich die Frage, wie diese markante Landschaft zuvor geheißen hat. Die Antwort finden wir bei den römischen Schriftstellern Plinius und Tacitus, die von *Abnoba silva* (Abnoba-Wald) oder *mons Abnobae* (Gebirge der Abnoba) schreiben. Auch die römische Jagdgöttin Diana trug den Beinamen *Abnoba*.

Darüber, was dieses *Abnoba* bedeutete, gibt es nur Vermutungen. Und die führen in ferne Vergangenheit, zu einem alteuropäischen Wort *ab* (Wasser oder Fluß). Dieses Wort ist enthalten in dem Flußnamen Abens (Nebenfluß der Donau) sowie im Namen des indisch-pakistanischen Fünfstromlandes *Pandschab*: *pandsch* heißt „fünf“ und *ab* heißt „Wasser“ oder „Fluß“. Und wer in Persien ein Bier möchte, bestellt *ab e dschou* – „Gerstenwasser“.

Abnoba in Zusammenhang mit dem Schwarzwald könnte also auf dessen Flüsse und Bäche bezogen sein. Einen Hinweis auf seine Grenzlage gab eine spätere römische Bezeichnung, die der kaiserliche Hofschriftsteller Ammianus Marcellinus im 4. Jahrhundert einführte: *Silva Marciana*. Vermutlich hat das etwas was mit der *Mark* zu tun, dem germanischen Begriff für „Grenzland“. Denn der Schwarzwald bildete damals die Grenze des Kaiserreichs. Auf deutsch hätte er demnach *Märkischer Wald* geheißen. Doch den Alemannen scheint *Schwarzwald* besser gefallen zu haben.

Siebenknie

Rätsel für Siebengescheite

Siebenknie heißt ein Weiler im Murrhardter Wald. Warum nicht Fünfknie, Sechsknie oder Achtknie? Und warum *-knie* und nicht *-hausen*, *-weiler* oder *-lingen*?

Blättert man im Postleitzahlenbuch, fallen einige Orte auf, die mit *Ein-*, *Zwei-* oder *Zwie-* und mit anderen Zahlen beginnen. Die meisten Kombinationen gibt es jedoch mit *Sieben-*: Siebenbach, Siebenbaum, Siebenbrunn, Siebeneichen, Siebenhausen, Siebenstern, um nur einige zu nennen.

Es hat also einmal eine starke Vorliebe für diese Primzahl gegeben. Tatsächlich braucht man nur ein wenig nachzudenken und man stellt fest, wie die Sieben die Menschheit seit Jahrtausenden verfolgt. Das geht los in der Bibel mit den sieben Tagen der Schöpfung, geht weiter über die sieben Erzengel, die sieben fetten und mageren Kühe, wird fortgesetzt im Neuen Testament mit den sieben Broten und sieben Fischen zur Massen-Speisung, nimmt apokalyptische Züge an in der Offenbarung des Johannes, die manchen ein Buch mit sieben Siegeln bleibt.

Zu siebt treten auf die Sakramente, die Todsünden, die Tugenden, die Himmel, die Künste, die Sinne, die Tore Thebens, die Weltwunder, die Weisen, die Hügel Roms, die Schwaben, die Kurfürsten, die Schläfer. Das tapfere Schneiderlein erschlug Sieben auf einen Streich, und an jedem ordentlichen Galgen war Platz für sieben Delinquenten, falls die nicht rechtzeitig ihre Siebensachen gepackt und sich über die sieben Berge davongemacht hatten.

Die Sieben, die sowohl als gute wie als schlechte Zahl, in jedem Falle aber als magische und geheimnisumwitterte durch die Zeiten geistert, diente auch der Steigerung: Man war siebendick, frau war siebenschön, und *siebengescheit* ist ein Adjektiv, das noch lange in einem Fernsehquiz überlebt hat.

Insofern ist es kein Wunder, wenn die Sieben auch zahlreiche Ortsnamen ziert. Woher aber kommt das Knie? Daß das menschliche Gelenk gleichen Namens Pate stand, ist unwahrscheinlich. Der Begriff muß demnach übertragen worden sein auf eine Biegung anderer Art. Tatsächlich taucht das Knie relativ häufig als „metaphorischer" Flurname auf. Es dürfte sich in diesem Falle auf den Wald und dessen Ausbuchtungen bezogen haben.

Und da *Sieben-* eben nicht nur die konkrete Zahl meinen konnte, sondern auch eine abstrakte Rundung, einen anderen Ausdruck für *viele*, könnte *Siebenknie* ganz einfach „Wald mit vielen Ausbuchtungen" bedeutet haben – ein Flurname, der später auf die Siedlung übertragen wurde.

Siehdichfür

Warnung auf dem Ortsschild

Der Orts- bzw. Wohnplatznamen *Siehdichfür* ist keineswegs einmalig. Landauf, landab tauchen Schilder mit dieser merkwürdigen Benennung auf; es gibt sogar welche, auf denen diese Warnung in getrennter Schreibweise erfolgt: „Sieh dich für". Es fehlt nur noch das Ausrufezeichen.

Allein die amtliche Beschreibung des Landes Baden-Württemberg nennt fünf *Siehdichfür*, eines bei Baiersbronn, eines bei Königsfeld im Schwarzwald, eines bei Calw, eines bei Schwäbisch Hall, eines in der Gegend von Pforzheim.

Daneben gibt es noch eines bei Backnang, ein weiteres zwischen Schramberg und Rottweil und vermutlich noch eine ganze Reihe ebenso benannter Orte, die weder in amtlichen Beschreibungen noch im Postleitzahlenbuch auftauchen, weil sie dafür zu klein sind.

Diese Kleinheit spricht für die Deutung, die Ortsnamenforscher Lutz Reichardt für *Siehdichfür* parat hat. Der Name, so vermutet er, ist entstanden als Warnung vor einem unangenehmen Zeitgenossen. Insofern paßt er gut zu Einzelgehöften, denn andernfalls müßte ja eine ganze Dorfbevölkerung aus unangenehmen Menschen bestanden haben.

Der Name reiht sich ein in die Kategorie der „imperativischen" Namen, zu denen auch *Schauinsland* oder das weiter nördlich zu findende *Siehdichum* gehören.

Natürlich hat der Name *Siehdichfür* auch schon in der Vergangenheit die Phantasie der Durchreisenden beflügelt. In einem

Fall wurde die Tatsache mit dem Namen in Verbindung gebracht, daß an jenem Ort einmal eine Henk-Eiche gestanden hatte.

Die Gegend um *Sieh dich für* bei Schramberg gilt gar als Schwarzwälder Bermuda-Dreieck. Der Sage nach sind dort früher Reisende und Kaufleute spurlos verschwunden. Räuber und Wegelagerer sollen hier ihrem Handwerk nachgegangen sein.

Feststellbar ist das heute kaum mehr. Nehmen wir also, was auf diesen Ortsschildern steht, einfach als das, was es ist: als einen Warnhinweis von anhaltender Aktualität. Denn vorsichtig sein sollten Verkehrsteilnehmer immer, nicht nur bei Glatteis oder Krötenwanderungen.

Stuttgart

Hengste waren auch dabei

Die Geschichte des Namens der baden-württembergischen Landeshauptstadt ist die Geschichte vom Pferd. Fröhlich wiehert es aus dem Stuttgarter Stadtwappen.

„Schduegerd" sagt der Mundartsprecher. Darin klingt die älteste überlieferte Schreibweise nach: Um das Jahr 1160 ist ein *Hugo de Stuokarten* aktenkundig geworden. Spätere Schreiber haben das beim Sprechen womöglich verschluckte *t* mitgeschrieben: *Stuotgarten*.

Das Roß im Wappen verrät, daß der Name irgendetwas mit Pferden zu tun hat, und deren weibliche Ausgabe heißt bekanntlich *Stute*. *Stuttgart* nun einfach als „Stutengarten" übersetzen zu wollen, wäre zu kurz gegriffen. Denn *stuot* bedeutete im Mittelhochdeutschen „Pferdeherde", und eine solche besteht, wenn sie nicht aussterben will, nicht nur aus Stuten, sondern auch aus einem Hengst. Insofern ist es auch kein Widerspruch, wenn das Gestüt Marbach alljährlich eine Hengstparade präsentiert.

Unter *garte* verstand man im Mittelhochdeutschen nicht zwangsläufig die Ansammlung von Blumen- und Gemüsebeeten, welche das Herz des Hobbygärtners erfreuen, sondern vor allem auch das umzäunte Gebiet. Denn „Umzäunung" war die mutmaßlich ursprüngliche Bedeutung eines indogermanischen Wortes, dem neben dem *Garten* auch der lateinische *hortus* entsprossen ist.

Stuotgarte war also der „Gestütshof". Besonders kritische Beobachter mögen sich nun fragen, woher eigentlich das doppelte *t* kommt. Denn schließlich sagt man ja auch nicht *Stutte* oder *Gestütt*. Das liegt an der Schreibweise des Barock. Damals war es Mode, sogar nach langen Selbstlauten Doppelkonsonanten zu setzen, ohne daß dies an der Aussprache des damals noch *Stuettgardt* geschriebenen Ortsnamens etwas verändert hätte.

Die Mundart hat, wie oben schon erwähnt, das lange *u* bzw. *ue* bewahrt. Die verschnörkelte barocke Schreibart hatte jedoch dazu geführt, daß die Sprecher sich daran orientiert haben. Und so wurde aus dem gemütlichen *Schduegerd* ein preußisch-zackiges *Stuttgart*.

Süßen

Klumpen ohne Süßstoff?

Auf der B 10 zwischen Göppingen und Geislingen läßt eine reizvolle Reihung zweier Ortsnamen regelmäßig Freude bei den Durchreisenden aufkommen, nämlich *Süßen* und *Kuchen*.

Was sich anhört wie eine Erfindung der Konditoren-Lobby erhält allerdings gleich einen anderen Geschmack, wenn man erfährt, daß *Süßen* verwandt ist mit *Seißen* – einem Ortsnamen, der sich oberhalb Blaubeurens im Alb-Donau-Kreis findet und gerne zu Mißverständnissen Anlaß gibt.

Was steckt denn nun tatsächlich hinter *Süßen*? Die Bedeutung des Namens ist zu übersetzen mit „Siedlung auf dem Weideland". Süßen leitet sich ab aus dem althochdeutschen Wort *sioza* (Weideland). Und *Seißen* geht auf das gleichbedeutende *siuzza* zurück. Daß *Süßen* heute so zuckerig klingt, liegt daran, daß das ähnlich lautende Eigenschaftswort *süß* später in den ursprünglichen Begriff hineingedeutet wurde.

Heute läuft uns beim Wort *Kuchen* das Wasser im Munde zusammen, weil es längst gleichbedeutend ist mit jener süßen Backware. Doch kann dieses Wort, das aus dem Germanischen kommt, ursprünglich auch einfach ganz allgemein etwas Rundes, Klumpiges bezeichnet haben. *Kuchen* war ein Flurname, der dann auf eine Siedlung übertragen wurde. Der Name könnte also auch eine Bodenart bezeichnet haben – oder tatsächlich den Boden mit bestimmten Gebäckarten verglichen haben.

Da es bei Heidenheim die Orte Groß- und Kleinkuchen gibt, bei denen haufenweise kuchenförmige Eisenschlacke aus früh-

alemannischen Eisenschmelzöfen gefunden wurde, sind auch noch diese frühen „Industrie-Abfälle" als mögliche Ursache für die Namen in Betracht zu ziehen. An denen allerdings hätten sich die Süßmäuler noch mehr Zähne ausgebissen als die Sprachforscher bei der endgültigen Aufklärung des Ortsnamens *Kuchen.*

Sulzgries

Sulzauge und Griesgram

Sulzgries klingt zwar ziemlich nahrhaft, aber – gemessen an den landesüblichen Eßgewohnheiten – nicht besonders appetitanregend.

Man ahnt es schon: Der Esslinger Ortsteil Sulzgries, der schon anno 1275 genauso geschrieben wurde wie heute, hat weder mit der Tellersülze noch mit Grießbrei oder -knödeln und schon gleich gar nichts mit Cous-Cous zu tun. Allerdings haben *Sulz-* und Sülze dieselben Wurzeln. Und auch *-gries* und Grieß treffen sich irgendwo in den Tiefen der Etymologie.

Die heutige Sülze – schwäbisch: Sulz – hieß auf althochdeutsch *sulza*, ist von Salz abzuleiten und bezeichnete zunächst einmal das Salzwasser. Weitere Bedeutungen sind: Salzlecke für Vieh und Wild, breiartig geschmolzener Schnee, morastiger Boden.

Wie es zu dieser Bedeutungs-Verlagerung gekommen sein könnte, läßt ein Zitat erahnen, das Hermann Fischer in seinem Schwäbischen Wörterbuch wiedergibt: „Ist also der Schnee und kalte Wasser zusammengefüzet und wie ein Sulz dick worden und gefroren."

Im nämlichen Nachschlagewerk ist übrigens auch ein bemerkenswertes Kompliment überliefert: „Ihre Augen seind ein süsse Sulzen", hatte da vor Jahrhunderten ein Liebhaber gesülzt, und man fragt sich heute unwillkürlich, worin die Attraktivität einer sulzäugigen Schönheit besteht.

Nun zum Grieß bzw. *-gries*: Bevor dieses Wort in das Vokabular der Köche einzog, bedeutete es ganz einfach „Sand" oder „Kies". Diesem Wort dürfte laut Kluges Etymologischem Wörterbuch ein Verb zugrundeliegen, das in etwa „zerreiben" bedeutet und in dem auch der *Griesgram* wurzelt. Der nämlich geht auf das althochdeutsche Zeitwort *grisgramon* zurück, was „mit den Zähnen knirschen" heißt.

Zur heutigen Bedeutung kam der Grieß über das spätmittelhochdeutsche *griezmel*, womit grob gemahlenes Mehl bezeichnet wurde, das an Sand oder gar Kiesel erinnerte. Damit dürfte klar sein, daß *-gries* im vorliegenden Ortsnamen nichts mit Hartweizen zu tun hat, sondern mit einer bestimmten Bodenbeschaffenheit – so wie im Falle des Ulmer Griesbades, das auf kiesigem Gelände in Donaunähe stand.

Was meint nun *Sulzgries*? Salzigen Sand oder kiesigen Morast? „Im vorliegenden Fall ist die ursprüngliche konkrete Bedeutung des Ortsnamens nicht mehr feststellbar", schreibt Lutz Reichardt in seinem Ortsnamenbuch des Landkreises Esslingen, und dem ist nichts hinzuzufügen.

Tigerfeld

Wie kommt der Tiger auf die Alb?

Man fährt über die Alb und wähnt sich plötzlich im Urwald: *Tigerfeld*, so droht ein Ortsschild im Landkreis Reutlingen. Zoologische Zone oder Erinnerung an eine frühe Fauna?

Die Knochen der Säbelzahntiger und der Höhlenlöwen waren längst versteinert, als mittelalterliche Älbler ihre Siedlung *Tygirinvelt* nannten. Was hatte sie zur Wahl dieses Namens bewogen? Wußten sie überhaupt um die Existenz jener Spezies, deren Urahnen längst aus unseren Breiten verschwunden waren?

Nun – das Althochdeutsche kennt das Wort *tigirtior*, das dann zum mittelhochdeutschen *tigertier* mutierte, bevor es zu unserem *Tiger* zusammenschrumpfte. Was also spricht dagegen, *Tygirinvelt*, das in einer Zwiefaltener Chronik für das Jahr 1089 genannt ist, auf die *Tigerin* zurückzuführen?

Dagegen spricht nicht nur die Wahrscheinlichkeit, sondern auch die wissenschaftliche Ortsnamenforschung. Und die lehrt, daß dieses *Tygirin-* auf den Dativ – den Wem-Fall – des längst vergessenen althochdeutschen Eigenschaftswortes *tegar* zurückgeht, und das bedeutete „groß, umfangreich". Übersetzt man *-velt* mit „waldfreies, ebenes, für den Ackerbau geeignetes Gelände", dann bedeutete *Tygrinvelt* soviel wie „Siedlung auf dem großen waldfreien Gelände". Damit war die Lage jenes Dorfes bezeichnet, das, wie wir jetzt definitiv wissen, mit Raubkatzen sowenig zu tun hat wie Deppenhausen mit geistig Minderbemittelten.

Das alte Adjektiv *tegar* ist übrigens in weiteren Namen enthalten, die uns heute noch wohlvertraut sind, über deren Sinn sich jedoch kaum jemand im Klaren sein dürfte: im *Tegernsee* etwa, der damit als der „große See" enträtselt wäre. Oder, um in Bayern zu bleiben, in *Degerndorf* bei Rosenheim, das im sprachlichen Gegensatz zum nahen *Litzeldorf* steht. Darin steckt *luzil*, welches im Englischen als *little* (klein) überlebt hat. Daher stammt auch Luxemburg, das früher einmal *Luzilunburch* hieß.

Um ins Württembergische zurückzukehren: *Degerloch* ist mit Tigerfeld eng verwandt. Es ist aber nicht mit „großes Loch" zu übersetzen, sondern mit „der große Wald", denn *loch* bedeutete einst „lichter Wald". Wo der abgeschlagen war, konnte gesiedelt werden, und der Name der Siedlung konnte an den Einschlag erinnern, etwa in *Degerschlacht* – womit wir wieder im Landkreis Reutlingen gelandet wären.

Tripsdrill

Verjüngungskur in Utopia

Tripsdrill – so heißt ein Erlebnispark in der Nähe von Heil-
bronn. Gleich bei Tripsdrill liegt ein Ort namens *Treffentrill*.
Gibt es da einen Zusammenhang?

Die Antwort ist – dem Gegenstand angemessen – etwas ver-
rückt: Tripsdrill ist Treffentrill – und auch wieder nicht. Tripsdrill war zunächst kein bestimmter Ort, sondern ein Phantasie-
name, den man auch in anderen Regionen Deutschlands
benutzte, um etwa unangenehme Fragen nach Herkunft oder
Ziel abzufertigen: „Wohin gehst du?" – „Nach Tripsdrill."

Tripsdrill war also „Nirgendheim" – die Beatles hätten „No-
where-land" gesagt und die alten Griechen „Utopia". Den
Schwaben indes lag die Neigung, derlei phantastische Stätten zu
verklären, fern. Sie neigten zu prosaischer Nutzung: „Z' Trip-
strill, wo ma die krumme Arschlöcher bohrt", lautet eine der
sprichwörtlichen Redensarten, die Professor Hermann Fischers
Schwäbisches Wörterbuch im Zusammenhang mit diesem
Namen überliefert.

Wie aber kam das sagenhafte Tripsdrill nach Treffentrill?
„Der Name ist schon alt und über Deutschland weithin verbreitet", stellt Fischer fest. Es hat eine alte Sage gegeben,
wonach in der Pelzmühle zu Tripsdrill Seniorinnen (früher
sprach man von alten Weibern) verjüngt würden.

Dafür, daß Tripsdrill nun mit Treffentrill identifiziert wurde,
dürfte die Namensähnlichkeit beigetragen haben. Adolf Bacmeister hat in seinen 1867 veröffentlichten „Alemannischen

Wanderungen" zwei weitere Gründe angeführt: In der Nähe lag die Mühle des Ortes *Frauenzimmern* sowie ein *Balzhof*, was sich zu jener sagenhaften Pelzmühle für die Frauen vermengt haben könnte.

Und Treffentrill? Ein Weiler dieses Namens taucht in einem Lagerbuch von 1685 auf. 1798 baute ein Bürger aus dem benachbarten Cleebronn an dieser Stelle einen neuen Hof und nannte ihn *Treffentrill*.

Die Identifikation von Treffen- und Tripsdrill ließ nicht lange auf sich warten. Die nutzte im Jahr 1929 der Wirt der Gaststätte, die mittlerweile zum Hof gekommen war, indem er die erste Altweibermühle auf das Anwesen baute.

Was aber bedeutet *Treffentrill*? Es gibt verschiedene Erklärungen. Die unwahrscheinlichste ist die Sage vom Römer-Hauptmann Trepho und seiner Gattin Truilla, die hier einen Hof gebaut haben und ihn *Trephonis Truilla* genannt haben sollen, woraus später Treffentrill geworden sei.

Dann gibt es Heimatforscher, die Treffen- oder Tripsdrill von *Trips* oder *Trefz* ableiten, was wilder Hafer sei, der hier *gedrillt* wurde. Hingegen vermutet der Ortsnamen-Forscher Lutz Reichardt hinter *Treffen* den Rufnamen *Trebwin*, der auch in *Treffensbuch* (Alb-Donau-Kreis) steckt.

Das -*trill* gibt noch Rätsel auf. Es könnte auf *Trille* zurückgehen, die Fischer mit „etwas Drehbares" übersetzt. *Trille* hieß auch das Laufrad, in dem Delinquenten *gedrillt* wurden. Irgendetwas muß sich hier also gedreht haben – wenn auch sicher keine Altweibermühle.

Truilz

Verwandte: Lieblos und Sterbfritz

Kein *-hausen, -hofen* oder *-ingen* verleiht diesem Ortsnamen das vertraute heimatliche Flair. *Truilz*, so steht es einsilbig und exotisch auf jenem Ortsschild im Landkreis Ravensburg, das den Betrachter zunächst ratlos läßt.

Es bedarf der Rekonstruktion, die der Ortsnamenforscher Karl Bohnenberger vorgenommen hat. Er las *Truilz* als mundartliche Form von *truiles*, und dieses Wort führte er zurück auf ein zu vermutendes *Triuwelichs* – das heißt „des Treulichen".

Dieses *iu* wurde zu einem mundartlichen *ui* und auf hochdeutsch zu *eu*, vergleichbar mit *neu*, das auf mittelhochdeutsch *niuwe* hieß und auf gut schwäbisch *nui* gesprochen wird. Ein Kanzleischreiber hat 1742 den Namen „verhochdeutschen" wollen und schrieb ihn *Trewoltz* (wobei das *w* wie ein *u* zu lesen ist). Immerhin erinnert uns das an das englische *trew* bzw. an eine elementare Vokabel aus der alten württembergischen Devise „Furchtlos und trew!"

Das *-z* am Ende dieses und weiterer Ortsnamen geht also auf ein besitzanzeigendes Genitiv-*s* zurück; man spricht hier von „genitivischen Siedlungsnamen", die das, worum es eigentlich geht, einfach unterschlagen, nämlich den Hof, das Haus oder das Dorf. Im Fall von *Truilz* bedeutet der Ortsname „der Wohnsitz des Getreuen".

Derartige Bildungen, die auf dem Genitiv oder Wesfall beruhen, sind als Kurzformen für Kleinsiedlungen – vor allem im Sprachgebrauch unter Nachbarn – überall gebräuchlich gewesen.

Doch das wissen heute nur noch die Spezialisten, die hinter einem Ortsnamen gleich dessen Entstehungsgeschichte sehen.

Der Laie hingegen lacht sich kaputt, wenn er etwa im Hessischen auf den Ort *Lieblos* stößt oder gar auf das Schild mit dem vermeintlichen finalen Imperativ *Sterbfritz*. Dabei bedeuten jene Namen nichts anderes als „Libolfs Hof" und „Starcfrids Hof".

Innerhalb Baden-Württembergs sind genitivische Siedlungsnamen heute noch in den Löwensteiner Bergen und im Welzheimer Wald, vor allem aber im Allgäu bekannt. Dort finden sich auf Schritt und Tritt die merkwürdigsten Buchstabenfolgen auf den Ortsschildern, etwa Bayums (Baiamunds Hof), das zu Leupolz (Luitpolds Hof) gehört. Wenn man dieses Prinzip verstanden hat, klingen solche Namen wie *Hörbranz, Herfatz* und *Hergatz* weniger geheimnisvoll, und *Eisenharz* verwandelt sich von einer biologischen Unmöglichkeit in einen „Hof des Eisenhart".

Tübingen

Die Gôgen sagten „Diwenga"

In der *unteren Stadt*, dem Stammesgebiet der als *Gôgen* bezeichneten Ureinwohner Tübingens, wird der Name der Stadt
mitunter noch *Diwenga* gesprochen.

Das steht im Gegensatz zur offiziellen Sprech- und Schreibweise, die in der von den Akademikern beherrschten *Oberstadt*
bevorzugt wird. Dieser kleine Unterscheid weist auf einen
großen Gegensatz zwischen diesen beiden Stadtteilen hin, den
schon die Oberamtsbeschreibung von 1867 diagnostiziert hat.
„Man möchte glauben", so heißt es da, „daß zwischen den
Wohnsitzen der Weingärtner in der unteren Stadt und dem
Musensitz in der oberen nicht etwa eine chinesische Mauer, sondern ein breites Hochgebirge" verlaufe.

Warum sagen die einen *Diwenga* und die anderen *Dibenga?*
Diese Frage ist des Schweißes der Gelehrten wert, die Tübingen
– genauer gesagt: die Oberstadt – bevölkern, seit Graf Eberhard
im Bart dort 1477 eine Universität gegründet hat. Um die Frage
lösen zu können, müssen wieder einmal die alten Schreibweisen
studiert werden.

Eine um 1100 geschriebene lateinische Chronik schreibt über
eine Burg der Alemannen, *quod Tuinga vocatur*, die Tuinga
genannt wurde. Eine andere Chronik des 12./13. Jahrhunderts
spricht von *Tuwingen*. Das *b* ist erstmals in einer Urkunde aus
dem Jahr 1360 nachweisbar: *Túbingen*. Fortan existieren beide
Schreibweisen nebeneinander. Zwischendurch, in einer Urkunde aus dem Jahr 1248, ist einmal ein *comes in Ciugin* – Graf von

146

Ciugin genannt. Diese einmalige Version ist zu finden im vatikanischen Register; sie rührt daher, daß ein Schreiber, der überdies nicht deutsch konnte, falsch abgeschrieben hat.

Aus der ältesten Schreibweise schließen die Ortsnamenforscher, daß Tübingen nach einem *Tuwo* benannt ist; es war die „Siedlung der Leute des Tuwo". Wie aber wurde das *w* zu *b*? Gesicherte Erkenntnisse darüber gibt es nicht, aber Vermutungen. Der Tübinger Mundart-Forscher Arno Ruoff geht davon aus, daß dieses *b*, das in den ehemals vorderösterreichischen Orten westlich von Tübingen üblich war, aus noch ungeklärten Gründen die Mundartgrenze ins altwürttembergische Gebiet überschritten hat.

Andere Forscher haben beobachtet, daß das *b* erstmals auftaucht, nachdem die Grafen von Württemberg 1342 die Herrschaft erworben haben, und daß die Schreibungen mit *b* zunahmen, nachdem Tübingen Universitätsstadt geworden war. Hatten gräfliche Schreiber aus dem Nordwesten der Grafschaft das dort übliche *postvokalische b* eingeschleppt? Hatten zugereiste Akademiker diesen Trend verstärkt?

Wir wissen es nicht, aber diese Deutung eignet sich trefflich, um die gegensätzlichen Kulturkreise Tübingens im Ortsnamen zum Klingen zu bringen.

147

Türkheim

Vor den Türken kamen die Thüringer

Schon bevor die westdeutsche Industrie in den 60er Jahren massenhaft Arbeitskräfte aus der Türkei angeworben hatte, gab es hierzulande einige Orte namens Türkheim. Wie das?

Türken galten früher in unseren Breiten zusammen mit den Mohren als die Exoten schlechthin, gleichbedeutend mit Heiden. Daher gehörte die Figur des turbanbehüteten Türken schon in der frühen Neuzeit zu den klassischen Fastnachts-Maskierungen. Und als die Osmanen im 17. Jahrhundert bis Wien vordrangen, wurde *der Türke* vollends zum Buhmann – wobei die von den hiesigen Behörden zur Kriegführung erhobene *Türkensteuer* die Abneigung zusätzlich gefördert haben dürfte.

Doch ist bis dato nicht bekannt, daß sich in früheren Jahrhunderten nennenswerte Gruppen von Türken hier niedergelassen und damit Anlaß für eine entsprechende Ortsbenennung gegeben hätten. Wenn hier also keine türkischen Kolonisten nachweisbar sind, stellt sich die Frage, warum ein Geislinger Stadtteil *Türkheim* heißt und woher die Stuttgarter Stadtbezirke Ober- und Untertürkheim ihre Namen haben.

Tatsächlich steckt doch ein Volksstamm dahinter, nämlich die Thüringer. Das geht aus früheren Schreibweisen des Ortsnamens hervor. So ist 1127 ein *Rodolfus von Durincheim* belegt; spätere Versionen lauten *Duringheim* und *Durnkheim*.

Was trieb die Thüringer ins heutige Schwabenland? Es gibt mehrere Möglichkeiten. Zum einen könnten die Franken, nachdem sie 531 Thüringen unterworfen hatten, thüringische Ge-

148

fangene hier angesiedelt haben. Es könnten andererseits auch freiwillige Kolonisten gewesen sein, welche nach dem Sieg der Franken über die Alemannen in deren Gebiet gesiedelt haben.

Bei Pleidelsheim haben Archäologen die Gräber wohlhabender Thüringer gefunden, die im 6. Jahrhundert neben den neuen fränkischen Herren bestattet worden sind. Daraus kann man schließen, daß es sich um freiwillige, wohlhabende Siedler gehandelt hat – im Gegensatz zu jenen *Wenden* und *Welschen*, auf welche solche Ortsnamen wie Winnenden, Wennenden, Welschingen oder Welschbollenbach zurückgehen. Und auch das *-heim* kann – mit aller Vorsicht – als Indiz für eine Siedlung aus fränkischer Zeit gewertet werden.

Was bedeutet *Thüringer*? Es gibt vage Vermutugen, daß der Kern des Namens verwandt ist mit dem altisländischen Wort *thori* (*th* englisch ausgesprochen), das heißt „Menge, Masse". Dann wäre ein Thüring der „Mann der Masse". Aber sicher ist das nicht.

Ulm

Schwall oder Sumpf?

Ulm – kurz und bündig ist dieser Name, bei dessen Nennung den in der Botanik Bewanderten allenfalls eine vom Ulmensterben bedrohte Baumart einfällt.

Ulm? Über den Sinn dieser drei Buchstaben hat schon gegen Ende des 15. Jahrhunderts der Dominikanermönch Felix Fabri nachgedacht. Das beweist, daß schon vor einem halben Jahrtausend niemandem mehr klar war, was *Ulm* bedeutet.

Fabri folgerte aus dieser Unklarheit, daß der merkwürdige Name ein Indiz für das hohe Alter der Stadt sei. Er leitete den Namen ab vom lateinischen Eigenschaftswort *ulignosus* (sumpfig) und brachte dies in ursächlichen Zusammenhang mit dem Zusammenfluß der drei Flüsse Donau, Iller und Blau, die sich in Ulm treffen.

Um die Deutung abzurunden, brachte Fabri noch die Ulme ins Spiel, die auf lateinisch *ulmus* heißt: „So, wie nun in einem Sumpf (uligo) heranwachsende Bäume Ulmen genannt werden und ein Ulmenwald ulmerium oder ulma, so wird eine im Sumpf zwischen Ulmen oder auf einem Ulmenplatz gegründete Stadt am passendsten Ulm genannt, weil sie einen Ulmenplatz einnimmt", so schloß er messerscharf.

Heute ist man schlauer. Die Sprachwissenschaftler haben längst herausgefunden, daß die Ulme im Althochdeutschen *elm* oder *ilm* hieß und daß die aus dem Lateinischen entlehnte Baumbezeichnung *Ulme* erst seit dem 12. Jahrhundert nachweisbar ist. Da aber der Name des Ortes Ulm damals längst aktenkundig war, nämlich seit 854, steht fest, daß dieser Name nicht in der Ulme wurzeln kann, zumal die Stadt nicht so alt ist, wie Fabri angenommen hatte.

In einem allerdings hatte er das richtige Gespür, nämlich daß der Name irgendwie mit dem Zusammenfluß der Flüsse – zumindest von Donau und Blau – zu tun hat. Der Ortsnamenforscher Lutz Reichardt nennt zwei Möglichkeiten der Erklärung.

Erstens: In Ulm – nicht nur in jenem an der Donau, sondern auch in den anderen Orten gleichen Namens wie auch in Ober- und Niederolm, in Ulmen, im belgischen Olmen sowie im norwegischen Gewässernamen Olma – könnte die indogermanische Wurzel *uel* stecken, die „drehen, winden, wälzen" bedeutet. Das Wort hätte somit einen Wasserschwall bezeichnet, der etwa durch den Zusammenfluß zweier Fließgewässer entsteht.

Zweitens: In den Namen könnte die indogermanische Wurzel *el-* oder *ol-* stecken, die „fließen, strömen, feucht oder modrig sein" bedeutet. Dann läge Fabri mit seinem Sumpf gar nicht so weit von der Wahrheit entfernt, auch wenn es nicht die alten Römer waren, denen die Stadt ihren Namen verdankt.

Doch wie kommt eine mittelalterliche Stadt zu einem so uralten Namen? Antwort: *Ulm* war zunächst ein Gewässername, der zur Orientierung eine bestimmte Stelle bezeichnete. Wann und von wem die besiedelt wurde, spielt dabei keine Rolle.

Upflamör

Im Kern steckt die Pflaume

Es klingt zwar nach Smørrebrød, doch um Upflamör zu finden, muß man nicht nach Dänemark fahren, sondern auf die näher gelegene Riedlinger Alb. Wie aber kommt ein Ort auf der Alb zu einem solch exotischen Namen?

Die Erklärung liegt ein paar Kilometer weiter in einem Ort mit nicht minder ungewöhnlichem Namen: in Pflummern. Der gemeinsame Nenner ist noch erkennbar im *pfl*, das beiden Ortsnamen innewohnt. Schaut man sich die alten Schreibweisen an, erweitert sich dieser gemeinsame Nenner: *Pphlumar* heißt Pflummern in einer Urkunde aus dem Jahr 1227; und *Uplumar* wird Upflamör im 11. Jahrhundert genannt.

Im Kern beider Namen steckt die Pflaume. Deren Verwandlung in jene beiden Ortsnamen dürfte sich folgendermaßen abgespielt haben. An die *Pflaume* – womit nicht nur die Frucht, sondern auch der Baum gemeint sein konnte – wurde die althochdeutsche Nachsilbe *-ari* angehängt, die auf das lateinische *-aria* zurückgeht, was einen Bezirk bezeichnete. Somit bedeutet *Pflummern* ein Gelände, wo viele Pflaumenbäume stehen.

Damit ist auch der Weg nach *Upflamör* nicht mehr weit: Das *Up* ist verwandt mit „auf" und bedeutet „oberhalb". *Up-Plumar* könnte man auch mit „Ober-Pflummern" übersetzen. Es deutet auf eine oben auf der Alb gelegene Ausbausiedlung von Pflummern.

Tatsächlich ist Upflamör der höchstgelegene Punkt von Zwiefalten, zu dem es 1974 eingemeindet wurde, und eines der

höchstgelegenen Albdörfer überhaupt. Es bietet einen schönen Blick auf die Zwiefalter Alb und sogar bis zum Bodensee und den Alpen. Auch dies – und nicht allein das Ortsschild – ist ein Grund, einmal hinzufahren.

Waiblingen

Hie Gerichtsdiener, hie Käfer

Hie Welf – hie Waibling! Der alte Ruf soll erstmals erklungen sein, als sich der Staufer Konrad III. mit dem bayerischen Welf IV. anno 1140 um Weinsberg schlug.

Ob dieser Spruch tatsächlich schon damals den feindlichen Parteien half, sich im Schlachtgetümmel besser zurechtzufinden, ist umstritten. Immerhin dokumentiert er, daß mit *Waibling* die Mannen der Staufer gemeint waren.

Um zu erfahren, wie es dazu kam, schauen wir zunächst in die Aufzeichnungen des Bischofs Otto von Freising, der im 12. Jahrhundert die Lebensgeschichte Kaiser Barbarossas zu Pergament gebracht hat: „Es gab im römischen Reich im Gebiet von Gallien und Germanien bisher zwei berühmte Familien; die eine war die der ‚Heinriche von Waiblingen‘, die andere die der ‚Welfen von Altdorf‘. Die eine pflegte Kaiser hervorzubringen, die andere große Herzöge."

Mit den Kaisern waren die fränkischen Salier gemeint, die im Remstal Land besaßen, das sie von den ebenfalls fränkischen Karolingern ererbt hatten. Dieser Besitz ging an die Staufer über, als deren Herzog Friedrich I. die salische Kaiserstochter Agnes heiratete.

So wurde der *Waibling* zum Inbegriff des Staufers – und das nicht nur im deutschsprachigen Raum. Als 1212 bis 1218 der Thronstreit zwischen dem Staufer Friedrich I. und dem Welfen Otto IV. tobte, wurden *Welf* und *Waibling* zu Parteinamen, die auch von den Italienern übernommen wurden: die *Ghibellini*

(Waiblinger) war die kaisertreue unitaristisch-zentralistische Adelspartei. Und die *Guelfi* (Welfen) kann man als partikularistisch-föderalistische Volkspartei bezeichnen, die mit dem Papst paktierte. Diese Parteinamen blieben in den innerstädtischen Kämpfen Italiens bis um 1600 in Gebrauch. Nach Deutschland sind sie wieder zurückgekehrt als Namen für studentische Verbindungen.

Damit wissen wir allerdings immer noch nicht, was *Waiblingen* eigentlich bedeutet. Der Name taucht mehrfach auf in karolingischen Urkunden des 9. Jahrhunderts: *Uueibelingen* heißt es da. Der Name könnte auf einen Ortsgründer namens *Waibilo* zurückgehen. Doch als wahrscheinlicher gilt, daß ein *Weibel* Pate gestanden hat. Das war die Amtsbezeichnung für einen Gerichtsdiener, die übrigens auch im *Feldwe(i)bel* steckt. Demnach heißt Waiblingen „bei den Leuten in der vom Gerichtsdiener gegründeten Siedlung".

Anders verhält es sich übrigens mit *Wiblingen*. Das geht auf den Personennamen *Wibo* zurück, und der könnte einen äußerst wuseligen Menschen bezeichnet haben. Denn *wibil* ist das althochdeutsche Wort für Kornkäfer.

Wannweil

Warum denn Wannweil?

Wann, wo, wie, wieso, warum sind Interrogativ-Adverbien; *weil* und *denn* sind kausale Konjunktionen, weil sie etwas begründen. Und *Wannweil* ist eine Gemeinde fünf Kilometer nordwestlich von Reutlingen.

Warum heißt ein Ort Wannweil? Die Antwort hat weder mit Umstands- noch mit Bindewörtern zu tun, sondern mit den alten Römern und mit deutschen Flurnamen. Beginnen wir von hinten: Das *-weil* ist ein direkter Nachfahre des lateinischen Wortes *villa*, das „Hof" oder „Landgut" bedeutet.

Diese Verwandtschaft zeigt sich noch deutlich in der ältesten erhaltenen Schreibweise von Wannweil, dem damals noch das *Wann* fehlte und das anno 1275 schlicht *Wile* hieß. Das bedeutet „Siedlung bei den Überresten eines römischen Gutshofes".

Das bedeutet allerdings nicht, daß diese Siedlung seit den alten Römern ununterbrochen bestanden hat. Karl Bohnenberger, der Nestor der württembergischen Ortsnamenforschung, hat dazu festgestellt, daß wohl die Überbleibsel einer solchen Villa noch lange sichtbar geblieben sind und damit die alte Bezeichnung überlebt hat. Sie wurde zum Flurnamen und fand bei einer späteren Neubesiedelung Eingang in die neue Ortsbenennung.

Da die Römer nicht nur *eine* Villa hinterlassen haben, galt es, die diversen Ruinen näher zu kennzeichnen. So stieß in diesem Falle die Wanne auf die Wile, wobei *Wanne* eine Mulde im Gelände meint und ebenfalls ein verbreiteter Flurname ist.

Blicken wir hier kurz in die Gegend von Rottenburg, wo es einen Ort namens Kalkweil gibt. Die damit bezeichnete Flur ist benannt nach den nahegelegenen Muschelkalk-Steinbrüchen. Und nutzen wir die Gelegenheit, uns von den Ortsnamenforschern darüber aufklären zu lassen, daß Weil und Weiler zwei paar Stiefel sind. Zwar ist auch Weiler irgendwie mit Villa verwandt, aber es ist eine Verwandtschaft zweiten Grades.

Weiler stammt nämlich ab vom spätlateinischen Wort *villare*, das den Boden meinte, der zur Villa gehörte. Weiler ist somit ein Lehnwort aus der Zeit der Merowinger. Die Verwendung dieses romanischen Wortes erklärt sich aus der Zugehörigkeit der betreffenden Teile Deutschlands zum fränkischen Reich mit seiner germanisch-romanischen Mischkultur.

Und damit ist hoffentlich hinreichend geklärt, wann, wo, wie, wieso und warum der Name Wannweil entstanden ist.

Weil der Stadt

Es lebe dem Dativ!

Der, die, das: Jedem Ausländer, der Deutsch lernen muß, graut vor diesen drei Wörtern, ganz zu schweigen von *dessen, dem, den*. Wer auf der B 295 zwischen Leonberg und Calw fahrend auf einem Ortsschild den Schriftzug *Weil der Stadt* erblickt, mag sich daher fragen, bei wem der Maler dieses Schildes Deutsch gelernt hat.

Weil, die Stadt muß es heißen, so sollte man meinen. Doch weit gefehlt. Was auf dem Schild steht, ist korrekt. Den Grund nennt Jacob Grimm, einer der beiden Brüder, die nicht nur Märchen erzählt, sondern auch den Grundstein zum bedeutendsten deutschen Wörterbuch gelegt haben. „Der Dativ ist der Nominativ der Ortsnamen", so soll er gesagt haben.

Der Nominativ ist, wie wir uns dunkel erinnern, der Wer- und der Dativ der Wem-Fall. Die weibliche Form des Dativs treibt Deutsch-Lernende vollends zur Verzweiflung, weil er *die Frau* zu *der Frau* macht und *Weil die Stadt* zu *Weil der Stadt*. „Ze Wil der stat", so heißt es in einer Urkunde aus dem Jahr 1343. Und damit gewinnt der Dativ seinen Sinn: *In Weil der Stadt*, so beantwortet man heute die Frage nach dem Wo.

Wenn es ein *Weil der Stadt* gibt, dann müßte es ja eigentlich auch ein *Weil dem Dorf* geben. Das ist auch tatsächlich der Fall, und zwar gar nicht allzuweit entfernt. Allerdings hat sich das *dem* im Lauf der Jahrhunderte etwas abgeschliffen. Es war 1334 noch klar erkennbar in der Bezeichnung „Wil zu dem dorffe", das sich zu *Weilimdorf* gewandelt hat.

Ist der Dativ in *Weil der Stadt* noch ziemlich deutlich zu erkennen, so ahnt heute kein Mensch mehr, daß er auch in den Ortsnamen steckt, die auf *-ingen*, *-stetten*, *-hausen* und *-hofen* oder *-beuren* enden. Denen ist das *-en* gemein, und das ist die Endung der Mehrzahl des Dativs.

Die Endung *-ing*, so wurde schon einmal an einer anderen Stelle dieses Buches dargelegt, kennzeichnet die Zugehörigkeit, etwa zu einer Person. Der Sigmaring ist einer der Gefolgsleute des Sigmar. Und Sigmaringen, der Dativ Plural, bedeutet dann „bei den Leuten des Sigmar". Dementsprechend ist *-stetten*, *-hausen* und *-hofen* zu übersetzen mit „bei den Stätten", „bei den Häusern" oder „bei den Höfen".

-beuren bedeut „bei den Bauern", wobei hier allerdings keine Landwirte gemeint sind. Diese Endung ist nicht von *der Bauer* abgeleitet, sondern von *das Bauer*, das noch im *Vogelbauer* steckt. Damit wurden kleine, besonders einfache Gebäude bezeichnet, in manchen Fällen wohl auch Einsiedlerhütten.

Wennenden

Ausländer auf der Alb

Wennenden heißt ein kleiner Weiler auf der Alb über Blaubeuren. Auch wenn es dort gelegentlich heftig wehen mag: Der Name kommt nicht vom Wind, sondern von den Wenden.

Wennenden bedeutet „bei den Wenden". Diesem Namen auf der Schwäbischen Alb zu begegnen, macht stutzig. Denn die Wenden – besser bekannt als Sorben – sind heute eine slawische Minderheit, die in Sachsen und Brandenburg wohnt. Die Brandenburgische Verfassung benutzt in ihrem Abschnitt über die Minderheitenrechte der Sorben ausdrücklich auch den Begriff *Wenden*. Dieser Volksname steckt sowohl im Vornamen *Wendelin* als auch im *Windhund*, der sich somit nicht als windschneller, sondern als wendischer Vierbeiner entpuppt.

Im Mittelalter, als Wennenden gegründet wurde – das Datum ist nicht überliefert –, war *Wenden* die Bezeichnung für die Slawen schlechthin. Doch wie kommt ein Slawendorf auf die Blaubeurer Alb?

Über den Zeitpunkt und die Umstände der Ansiedlung ist in diesem Falle nichts bekannt. An anderen Orten jedoch hat es sich bei jenen Wenden teils um unfreie Kriegsgefangene aus der Karolingerzeit gehandelt, teils um Slawen, die durch Verträge für die Ansiedlung im deutschen Gebiet gewonnen worden sind.

Slawen im besonderen oder Ausländer im allgemeinen? Es gibt Forscher, die es für historisch unsinnig halten, das Wort *Wenden* wörtlich zu nehmen und auf die Slawen zu beziehen. Vielmehr seien damit einfach Fremde ganz allgemein gemeint, so wie der Begriff *walsch* oder *welsch* zunächst die Kelten, dann die Romanen und schließlich eben die Ausländer als solche gemeint hat. Sogar eine Import-Frucht wurde *welsch* genannt, nämlich die welsche Nuß oder Walnuß (nux gallica), womit die Verbindung zu welsch, walisisch, gälisch, gallisch etc. hergestellt wäre.

Zurück nach Wennenden: Ob dort nun die Wenden im engeren oder die Nicht-Schwaben im weiteren Sinne gesiedelt haben, könnte höchstens eine Gen-Analyse klären, für die man allerdings zuerst den Knochen eines Ureinwohners finden müßte. Bis dahin ist nur sicher: Die ersten Siedler waren Ausländer.

Württemberg

Warum „Württemberg" mit „ü"?

„Hie gut Wirtemberg allewege", lautet die alte Parole, deren Ursprung nach Mutmaßung des Landeshistorikers Hansmartin Decker-Hauff im 15. Jahrhundert liegt.

Allerdings hat im 15. Jahrhundert noch niemand daran gedacht, *Württemberg* mit *ü* zu schreiben. Vom Schloß *Wirtemperg* ist in einem Dokument aus dem Jahr 1492 die Rede, und das älteste schriftliche Zeugnis aus dem Jahr1089 nennt einen *Conradus de Wirtineberc*.

Das klingt nach einer Frau Wirtin, und tatsächlich haben frühere Namendeuter behauptet, daß ein Ritter die Burg, welche seine Gattin als Mitgift in die Ehe gebracht hatte, als „Berg der Wirtin" bezeichnete – *Wirtin* im Sinne von Hausfrau.

Daneben gibt es mehrere Sagen, die den Namen nicht auf eine Wirtin, sondern auf einen *Wirt am Berge* zurückführen: Ein Metzger habe die Tochter des Kaisers Barbarossa entführt, habe mit ihr am Rotenberg eine Gaststätte eröffnet und sich „Wirt am Berge" genannt. Als der Kaiser dort eines Tages einkehrte, bereitete ihm die Tochter seine Lieblingsspeise, worauf er sie freudig wiedererkannte, dem Gatten verzieh und ihn zu einem Grafen von *Wirtemberg* machte.

Das einzige, was an dieser Geschichte stimmt, ist, daß auf dem Rotenberg bei Stuttgart die Stammburg des Hauses Württemberg gestanden hatte. Die Ruine wurde 1819/20 abgebrochen, und an ihrer Stelle ließ König Wilhelm I. ein Mausoleum für seine verstorbene Gemahlin Katharina bauen.

Die Wirts-Geschichte hat ausgerechnet dem korpulenten Landesvater Friedrich nicht geschmeckt. Um derartige Namens-Herleitungen fürderhin zu unterbinden, hat er 1802, als er noch Herzog war, die Schreibung *Württemberg* verordnet. Der letzte Versuch, diese barocke Form wieder durch *Wirtenberg* oder *Wirtemberg* zu ersetzen, wurde nach dem Zweiten Weltkrieg bei der Gründung des Südweststaates unternommen, wie Ortsnamenforscher Lutz Reichardt mitteilt.

Der bietet im übrigen eine philologisch fundierte Erklärung des Namens. Denkbar sei zum einen eine Herleitung von dem Rufnamen *Wirtino*, was dann zur „Burg des Wirtino" führen würde. Die andere Möglichkeit ist, einen keltischen Ortsnamen *Virodunum* zugrundezulegen, der sich zum Flurnamen *Wirten* entwickelt hat. Die Endung -*dunum* meinte ebenfalls Burg, und der keltische Burgbesitzer könnte *Viros* geheißen haben. Dieser Name ist mit dem lateinischen *vir* (Mann) und dem deutschen *Werwolf* (Mannwolf) verwandt und könnte „der Kräftige" oder „der Männliche" bedeutet haben. Damit hätte ein viriler Burgherr der Frau Wirtin oder dem Herrn Wirt den Rang als Namenspender abgelaufen.

Zang

Die Wurzel ist versengt

Zang – das könnte eine jener lautmalenden einsilbigen Wortschöpfungen aus dem Micky-Maus-Heft sein: Es hört sich an, als bekäme Donald mit der Schaufel eins übergebraten.

Doch Zang ist ein real existierender Ort im Landkreis Heidenheim. Er hat weder etwas mit der Zange noch mit Zank zu tun, sondern kommt von dem mittelhochdeutschen Wort *sanc*, das auf hochdeutsch *Sang* heißen müßte, wenn es noch existierte. Das wiederum stammt nicht von *singen*, sondern von *sengen*, das im heutigen Sprachgebrauch fast nur noch im Tempovergleich mit der „gesengten Sau" vorkommt. *Sang* wäre also mit „Absengung" oder „Verbrennung" zu übersetzen. Die Ortsangabe *zu Sang* schrumpfte schließlich zusammen, und übrig blieb *Zang*.

Vermutlich enthält der Ortsname den Hinweis auf eine Brandrodung: Zang hat seine Wurzeln in Feuer und Flamme und bedeutet „Siedlung auf dem Land, das durch Brandrodung gewonnen wurde".

Damit ist *Zang* inhaltlich verwandt mit anderen Orten, deren Namen an die Eingriffe des Menschen in die Natur erinnern. Wenn ein Ort *Gschwend* oder so ähnlich heißt, hat das nichts mit Geschwindigkeit zu tun, sondern mit *schwenden*, was man heute mit „beseitigen" übersetzen würde und das sich noch in *verschwenden* gehalten hat.

Von Rodungen und Holzeinschlägen künden Silben wie *-hau, -reut, -greut oder -ruit*. Dabei handelt es sich um Silben, die sich auch durchaus verselbständigen können – etwa im Falle von Ruit, einem Stadtteil Ostfilderns. Auch *-rot* verweist auf Rodungen, wobei man bei diesem Ortsnamen-Bestandteil nie so recht weiß, wie man daran ist, denn er kann auch eine ganz andere Bedeutung haben.

Während etwa Lobenrot im Landkreis Esslingen eindeutig ein Rodungsnamen ist, der ursprünglich „das gerodete Gelände des Lobo" bezeichnete, finden wir im Ostalb-Kreis die Orte Rot, Täferrot und Orrot, deren *-rot* völlig anderer, nämlich feuchter Natur ist. Rot, ein Weiler bei Jagstzell, ist benannt nach dem Rotbach, der früher Rechenberger Roth hieß. Der häufig auftretende Gewässername bezeichnet ganz einfach einen roten Bach. Orrot ist benannt nach dem gleichnamigen Gewässer, das von Süden her in die Jagst fließt, wo von Nordosten der Rotbach in diese einmündet.

An wieder einer anderen Rot, die in die Lein und mit der in den Kocher fließt, liegt Täferrot. Zwar bietet es sich an, das *Täfer* auf eine *Taverne* zurückzuführen – wie etwa bei Däfern im Rems-Murr-Kreis. Doch eher ist an die heilige Afra zu denken, der die Kirche geweiht ist. Eine Urkunde von 1298 nennt *Afrenrot*.

So sind wir von Z wie Zang wieder bei A wie Afrenrot gelandet. Nehmen diesen eher zufällig gelungenen Bogen zum Anlaß, die Fahrt vorbei an den Ortsschildern zu beenden, bevor sich weitere Umleitungen eröffnen!

Wie man die Ortsnamen knackt: Dem Forscher über die Schulter geschaut

Wenn die Deppenhausener der spottenden Menschheit beweisen wollen, daß ihr Dorf keine Idioten-Siedlung ist, können sie sich auf die wissenschaftlichen Ortsnamenforscher berufen. Doch woher wissen die eigentlich so genau, was die Namen bedeuten?

Dieses Wissen beruht auf solider, akribischer Arbeit, der eine genaue Kenntnis der Sprache und ihrer Entwicklung zugrundeliegen muß. Um zu begreifen, wie ein Ortsname erforscht wird, begleiten wir am besten Lutz Reichardt, wenn er ans Werk geht.

Zunächst überträgt er die Namen sämtlicher Ortschaften eines Landkreises aus der amtlichen Landesbeschreibung auf Karteikarten. Für den württembergischen Landesteil sind ihm darüberhinaus die von 1825 an erschienenen Oberamtsbeschreibungen eine große Hilfe. Sie enthalten nicht nur Hinweise auf die Geschichte der Orte, sondern auch Angaben über Landschaft und Bodenbeschaffenheit. Das ist deswegen wichtig, weil manche Ortsnamen Aussagen über solche topographischen Gegebenheiten enthalten.

Dann beginnt die zeitaufwendige Archivarbeit. Denn um Ortsnamen richtig deuten zu können, muß man ihre ältesten Schreibweisen kennen, und die sind in alten Urkunden zu finden. Zunächst durchforstet Reichardt die Urkundenbücher, das sind gedruckte Sammlungen von Dokumenten. Dann taucht er in die Archive, um die Originale einzusehen. Denn er muß nicht nur die genaue Schreibweise der Ortsnamen erfassen, sondern auch ihre grammatikalische Einbettung in den übrigen Text. Er muß, um falsche Interpretationen zu vermeiden, wissen, ob das gesuchte Wort im ersten Fall (Nominativ) oder im dritten (Dativ) steht.

Außerdem muß der Forscher darauf achten, ob die Urkundenschreiber möglicherweise Fehler gemacht haben. In päpstlichen Urkunden komme das immer wieder vor, sagt Reichardt, weil die Schreibenden des Deutschen oft nicht mächtig waren. Prominentes Beispiel dafür ist Stuttgart, aus dem solche päpstliche Kanzlisten in einem Fall „Stutkarcen" und in einem anderen „Scurchardem" gemacht haben.

Reichardt verläßt sich also nur auf das, was er selber nachgesehen hat, und das bedeutet, daß er eine Unmenge alter Urkunden kontrollieren muß. Die wiederum liegen in Archiven, welche überall im Land verstreut sind. Um etwa Belege für die Ortsnamen des Ostalb-Kreises zu finden, mußte Reichardt folgende Archive aufsuchen: das Hauptstaatsarchiv Stuttgart, das Staatsarchiv Ludwigsburg, die Stadtarchive Aalen, Dinkelsbühl, Ellwangen, Esslingen, Nördlingen, Schwäbisch Gmünd, das Gräflich-Degenfeldsche-Archiv in Eybach, das Fürstlich-Öttingen-Spielbergsche-Archiv und das Fürstlich-Öttingen-Wallersteinsche-Archiv auf der Harburg, das Gräflich-Rechbergsche-Archiv in Donzdorf und das Fürstlich-Thurn-und-Taxissche Zentralarchiv in Regensburg. Am Tag schafft der Forscher 150 Urkunden.

Nun enthalten die Karteikarten also sämtliche historisch nachweisbaren Schreibweisen der Orte. Was jetzt noch fehlt, ist die Sprechweise: Wie sprechen die Einheimischen und ihre Nachbarn den Namen ihres Ortes aus? Denn oft ist die mundartliche Version richtiger als die geschriebene Form. Beispiel *Süßen* im Landkreis Göppingen: In der Mundart wird der Ortsname als *Sießa* gesprochen, und tatsächlich bedeutete das althochdeutsche Wort *sioza* soviel wie „Weide". Ein hyperkorrekter Schreiber hat dann aus dem *ie* ein *ü* gemacht, so wie andere Angehörige jenes Berufsstandes das breite *e* gerne in ein gespitztes *ö* verwandelt haben.

Das Gegenteil von gut ist bekanntlich gut gemeint, etwa der Drang zur Überkorrektheit, der manche Schreiber beseelt hat. Dessen Ausflüsse locken die Deuter von Ortsnamen immer wieder auf falsche Fährten. Etwa im Falle von *Schnaitheim*: Das *-heim* ist das Produkt eines solchen Schreibers, der wohl beobachtet hatte, daß in der Mundart das *-heim* sich oft in ein *-a* abschleift. Nur war das eben ausgerechnet im Falle von *Schnaitheim* anders, das 1471 noch *Sneiten* geschrieben wurde, was „Schneise" hieß.

Die Reihe alter Schreibweisen im Verbund mit der mundartlichen Sprechweise verrät dem Experten solche Fehler. Um aber die korrekte Aussprache zu erhalten, bemüht Reichardt die Bürgermeister der jeweiligen Orte. Die vermitteln ihm zwei Mundart-Sprecher, die sich gegenseitig kontrollieren. Reichardt nimmt die gesprochenen Ortsnamen auf Band und schreibt sie später in Lautschrift um. Schließlich folgt die *Realprobe*: Reichardt fährt mit dem Auto zu den Orten, für deren Namen die Geographie eine Rolle gespielt haben könnte, und schaut sich ihre Lage an.

Nach Ende dieser umfangreichen Sammeltätigkeit kommt die Auswertung. Und dafür ist ein solides sprachgeschichtliches Wissen erforderlich. Nur wer die Lautgesetze kennt, wer weiß, wie sich Wörter verändern können – und vor allem: wie sie sich nicht verändern – kann Fehler bei der Deutung von Ortsnamen vermeiden. Und solche Fehler drängen sich oft geradezu auf, wie das Beispiel *Deppenhausen* wohl am besten verdeutlicht.

Bausteine: Die wichtigsten Bestandteile und Typen der südwestdeutschen Ortsnamen

Wer Ortsnamen verstehen will, muß sie auseinandernehmen. Sie bestehen meist aus einem *Grundwort* und einem *Bestimmungswort*.

Zum Beispiel **Deppen|hausen**: -hausen ist das *Grundwort*, Deppen- das *Bestimmungswort*. Die Grundwörter erkennt man leicht daran, daß sie in vielen Ortsnamen vorkommen: -hausen, -heim, -dorf, -stetten, -weiler usw. Die gebräuchlichsten von ihnen finden sich in der folgenden Liste.

Unterschiedlicher sind hingegen die Bestimmungswörter. Sie dienten dazu, die verschiedenen Orte namens -hausen, -dorf usw. voneinander zu unterscheiden. Das konnte durch Lagebezeichnungen geschehen, etwa Oberweiler, Unterweiler. Häufig wurden zur näheren Bestimmung auch *Personennamen* verwendet, die heute zumeist längst vergessen sind und deswegen nicht mehr als solche erkannt werden, wie eben der Name *Tappo*, nach dem Deppenhausen benannt ist. Gravierende Mißverständnisse sind die Folge.

Eine Sonderform sind die *-ingen-Namen*. Denn -ingen ist kein eigenständiges (Grund-) Wort, sondern nur ein Anhängsel, ein Suffix, das eine Zugehörigkeit angibt und meist mit Personennamen verbunden ist (siehe auch unten). Sie stammen aus der Zeit, als die Siedlergruppen noch nicht so recht seßhaft waren und sich nach ihrem Häuptling nannten. Wenn der *Tappo* hieß, waren sie die *Teppinge* (das *a* wurde wegen des hinzugekommenen *i* zu *e* aufgehellt), und wo sie ihr Lager aufschlugen, war *Teppingen* (bei den Leuten des Tappo). Wenn später ein Tappo irgendwo anfing, Häuser zu bauen, dann hieß diese Siedlung *Teppenhusen* (bei den Häusern des Tappo), und daraus wurde irgendwann unser heutiges *Deppenhausen*.

Damit ist die Entstehungszeit der Ortsnamen angesprochen: Von wann stammen die -ingen-Namen, von wann die -hausen- und -hofen-Namen?

Lange Zeit war es üblich, die -ingen-Namen den Alemannen, die -heim-Namen den Franken zuzuordnen. Diese Zuweisung nach Stämmen hat sich jedoch längst als falsch erwiesen. Wenn die Typengruppen überhaupt eine Aussage zulassen, dann hinsichtlich der verschiedenen Siedlungsepochen. Doch auch hier ist Vorsicht geboten, wie das Beispiel Blaustein zeigt: Zwar sind die Burgnamen, die auf -stein enden, hauptsächlich in der Zeit vom 11. bis 13. Jahrhundert entstanden. Doch der Ortsname Blaustein ist ein Produkt der Gebietsreform, die im Jahr 1975 die Gemeinden Arnegg, Bermaringen, Ehrenstein, Herrlingen, Kingenstein, Markbronn und Wippingen unter diesem neuen Kunstnamen zusammenschloß.

Aus diesem Grund ordnen die Ortsnamenforscher die Siedlungsnamentypen nach der Zeit ihrer „größten Produktivität", also nach der Zeit, in der sie am häufigsten kreiert wurden, wobei diese Produktivität sich über mehrere Siedlungsepochen – bis heute – hinziehen konnte und kann.

Besonders „produktiv" waren im

- 3. bis 5. Jahrhundert (Zeit der frühen Landnahme): -ingen und -heim mit Personennamen, -statt/stetten, -dorf;
- 5. bis 7. Jahrhundert (Zeit des merowingischen Ausbaus): -heim, -dorf, -hof(en), -weiler, -weil;
- 8. bis 9. Jahrhundert (Zeit des karolinischen Ausbaus): -heim, -hof(en), -inghofen, -hausen, -inghausen, -weiler, -weil, -beuren, -kirchen;
- 11. bis 13. Jahrhundert (Rodungsperiode): Rodungsnamen auf -hart, -holz, -buch, -bach, -dorf, -au, -berg, -tal, -feld; Burgnamen auf -berg/-burg, -stein, -fels, -eck.

Die folgende Liste enthält eine Reihe von Bestandteilen, die in den meisten südwestdeutschen Ortsnamen vorkommen.

Allerdings sei dringend davor gewarnt, die damit vollbrachten Deutungen für unumstößlich zu halten. Denn Ortsnamen enthalten Fallen ohne Ende. So läge es nahe, *Berghülen* mit „Siedlung bei der Hüle auf dem Berg" zu übersetzen. Es kann aber genausogut „Siedlung bei der Schweinehüle" bedeuten, denn das Bestimmungswort *Berg* kann in diesem Falle auch von mittelhochdeutsch *barc* (kastrierter Eber) kommen (1348: *Barkülwe*). Und der Name des Berghülener Ortsteils Bühlenhausen bedeutet nicht „Siedlung bei den Hügeln", sondern „Siedlung des Billo", denn als Bestimmungswort diente nicht etwa *bühl* (Hügel), sondern der Personenname *Billo*. Das kann aber nur wissen, wer die alte Schreibweise des Ortsnamens kennt, die im 12. Jahrhundert noch *Billenhusen* gelautet hatte.

Merke daher: Ohne Kenntnis der ältesten Schreibweisen und der Lautgesetze sollte man bei Deutungsversuchen immer davon ausgehen, daß sie daneben gehen können.

Die Liste nennt auch die unterschiedlichen Typen von Ortsnamen. Es ist durchaus möglich, daß ein Ortsname mehreren Typen zugewiesen werden kann.

ach	1. fließendes Wasser, von althochdeutsch *aha*; → S. 24, Brigach.
	2. -ach kann auch eine Nachsilbe sein, mit der man Sammelbegriffe gebildet hat (Kollektivsuffix), etwa in *Haslach* (Siedlung beim Haselgebüsch) → Waldbezeichnungen.
	3. kann auch von der lateinischen Adjektiv-Endung *-acum* kommen, die an Personennamen gehängt wurde, etwa in *Breisach* vom gallischen Namen *Brisios*.
aich(en)	Siedlung im Eichenwald; → Waldbezeichnung. Im Falle von *Aichen* im Alb-Donau-Kreis aber

handelt es sich nicht um den Dativ Plural von *aich*, sondern um die Verkürzung eines ursprünglichen Ortsnamens *Aichheim*. → S. 98, Maßhalderbuch.

-ang(en)	→ wang(en).
au	Land am Wasser, von Wasser umflossenes Land (→ Gewässernamen, Flurnamen) oder von Wasser geschützte Burg (→ Burgenname); siehe aber auch → *lau*.
bach	(Siedlung am) Bach; → Gewässername.
baind	freies eingehegtes Grundstück, das besonderem Anbau vorbehalten ist.
berg	ursprünglich annähernd bedeutungsgleich mit → burg; befestigte (→ Burgenname), aber auch unbefestigte (→ Flurnamen) Erhebung. Kann in Einzelfällen (z.B. Berghülen) auch von mittelhochdeutsch *barc* (kastrierter Eber) kommen. → S. 26, Brunzenberg; → S.24, Brigach.

Bergbezeichnungen: -berg, -bühl, -grind, -haupt, -höhe, -horn, -kogel, -kopf, -nase, -stauf(en); → S. 58, Hohenstaufen.

beuren	bei den kleinen Häusern; Dativ Plural von *bur, bure* (kleines Haus); → S. 158, Weil der Stadt.
bronn	Siedlung bei der Quelle, beim Brunnen.
buch(en)	Siedlung im (Buchen-) Wald; → Waldbezeichnungen; → S. 98, Maßhalderbuch
bühl	Siedlung auf dem Hügel (Vorsicht: Bühlenhausen geht auf den Personnenamen Billo zurück!).
burg	ursprünglich: (befestigte) Höhe (→ berg), später auch auf Burgen in der Ebene übertragen; → Burgenname; → S. 26, Brunzenberg.

Burgennamen: Bestandteile eines Ortsnamens, die erkennen lassen, daß der Ort auf eine Siedlung um eine Burg zurückgeht: -berg, -burg, -eck, -egg, -fels, -stein und, bei Wasserburgen, -au. Diese Be-

172

standteile sind oft zusammengefügt mit Hinweisen auf die Farbe des Baumaterials oder Bodens (Rottenburg, Weißenfels), Namen oder Titel der Bewohner (Arnegg: Burg des Arno oder Aro; Grafeneck), deren Wappentiere oder -symbole (Greifenfels, Rosenstein) sowie deren Wertvorstellungen (Ehrenstein). Daneben gibt es Trutznamen wie Neideck (die Burg, die feindlicher Mißgunst standhält). Burgennamen können auch Geländemerkmale oder Gewässernamen enthalten (Hohenstein, Klingenstein).

busch	Busch, Gesträuch, Gehölz, Wald; → Waldbezeichnungen.
deger	groß; → S. 140, Tigerfeld; → S. 141, Degerloch
dorf	(beim) Dorf; → Siedlungsnamen.
-dunum	keltisch: Burg.
eck	ursprünglich *vorspringender Fels, schmaler Felsgrat (mit einer Burg)*, hat sich generell zum Bestandteil für → Burgennamen entwickelt.
egg	→ eck
eich(en)	→ aich(en)
-en	1. Endung des Dativ plural mit der Bedeutung *bei den* (z.B. Hofen: bei den Höfen); → S. 158, Weil der Stadt, *Es lebe dem Dativ!* 2. Genitiv singular (z.B. Essendorf: Siedlung des Asso, Offenburg: Burg des Offo). 3. mundartlich verkürztes -heim (z.B. Aichen: Aichheim, Siedlung im oder am Eichenwald). 4. Verhochdeutschung eines mundartlichen *a* (z. B. in *am*), das – wie im Falle von *Zwiefalten* – auf ein altes *aha* (Wasser) zurückgeht: Zwiefaltach, der zweifache Bach.

Ereignisnamen: Sie rühren von einem einmaligen, aber eindrucksvollen Ereignis, etwa bei der Jagd, z. B. Urach; → S. 40, Ellwangen.

feld	waldfreies, ebenes, für Ackerbau geeignetes Gelände; → Flurnamen.
fels	Felsen, befestigter Fels; → Burgennamen.

Flurnamen: Bezeichnung bestimmter Geländestücke und Parzellen, oft nach Art, Aussehen, Bearbeitung und Funktion des Geländes (→ Bergbezeichnungen): -acker, -au, -baint, -feld, -gehren, -gries, -halde, -horn, -knie, -kessel, -mad(en), -mäder, -rain, -reut, -rot, -schieß, schopf-, -tal, -wann(e) etc.

furt	Flußübergang; → Gewässernamen.
gart(en)	umzäunter Hof; → S. 134, Stuttgart.
gau	Landschaft, Gegend; später Verwaltungseinheit; möglicherweise mit der Vorsilbe → g(e) gebildeter Sammelbegriff von *Au*; → S. 12, Allgäu.
g(e)-	Vorsilbe zum Bilden von Sammelbegriffen (Kollektivpräfix) nach dem Muster Balken - Gebälk (→ gau; → g(e)münd(en); → S. 46 Gruorn).
gehr(en)	von ger (Speer), bezeichnet spitz zulaufendes Geländestück; → Flurnamen.
g(e)münd(en)	Siedlung bei der Mündung zweier Gewässer

Gewässernamen: Bestandteile in Ortsnamen, die zum Teil leicht, zum Teil aber nicht mehr als Bezeichnungen eines fließenden oder stehenden Gewässers oder einer wasserreichen Landschaft erkennbar sind: -ach, -au, -bach, -furt, -graben, -hülen, -see, -spring. Oft enthalten Ortsnamen auch die Namen von Flüssen oder Bächen (Hydronyme). Bei diesen sind zu unterscheiden die alteuropäischen, die keltischen und die germanischen. Unter den letzteren sind einige, die heute noch erkennbare Eigenschaften des Gewässers kennzeichnen, etwa die Farbe (blau, rot; → S. 165) oder die Gewässerqualität (lauter); → S.92, Lauter.

grab(en)	(wasserführender) Graben; → Gewässername; → S. 44, Grab.

greut	gerodetes Gelände; → Rodungsname.
grind	mundartlich *Kopf*; → metaphorischer → Bergname; → S. 58, Hohenstaufen.
gries	Sand, Kies; → Flurnamen; → S. 136, Sulzgries.
halde	Bergabhang; → Flurname.
hart	Bergwald, waldiger Höhenzug; → Waldbezeichnungen; → S. 50, Härtsfeld.
hau	Einschlag, gerodetes Gelände; → Rodungsnamen.
haupt	→ metaphorischer → Bergname; → S. 58, Hohenstaufen.
hausen	bei den Häusern; → Siedlungsnamen.
heim	Heimat eines Stammes, einer Gemeinde, eines einzelnen, oft mundartlich verkürzt zu → -en; → Siedlungsnamen.
hinter-	weiter entfernt; → Lagebezeichnungen
hof(en)	bei den Höfen, (beim) Gehöft; → Siedlungsnamen.
holz	Wald, Gehölz; → Waldbezeichnungen.
horb	Sumpf
horn	Bergspitze; → metaphorischer → Bergname, Landzunge, spitz zulaufendes Landstück; → Flurnamen.
hülen	bei der Hüle (ursprünglich: Sumpflache, später Dorfteich, Wasserreservoir der trinkwasserarmen Dörfer der schwäbischen Alb); → Gewässernamen.
hütten	bei den Häusern und Werkstätten der Gewerbetreibenden; im Gegensatz zu großen Höfen.
-i(g)kofen	→ -i(n)ghofen
-iken	→ -i(n)ghofen
-ikon	→ -i(n)ghofen
Imperativische Namen:	→ S. 132, Siehdichfür, Schauinsland.
-ing	Gefolgsmann oder Angehöriger des ...
-ingen	bei den Leuten des ..., meist in Verbindung mit einem alten Rufnamen; → S. 116, Schnürpflingen.
-i(n)ghofen	bei der Siedlung der Leute des ..., auch -igkofen, -(i)ken, -(i)kon, -ken, -on.

Insassennamen: → *Siedlernamen*

-ken	→ -i(n)ghofen
kessel	kesselförmige Bodenvertiefung; → Flurnamen.
kilch(en)	→ kirch(en)
kirch(en)	Siedlung bei der Kirche; → Kirchen- und Kloster-namen (→ S. 84, Killer; S. 86, Kirchentellinsfurt).

Kirchen- und Klosternamen: -kirch(en), -münster, -zell, oft auch →
-beuren, da die damit bezeichneten Hütten Ein-
siedeleien gewesen sein können.

klinge(n)	Schlucht, früher: Gebirgsbach, Sturzbach, Quel-le; → Gewässernamen
knie	→ metaphorischer → Flurname, der eine Aus-buchtung bezeichnet (→ S. 130, Siebenknie).
kogel	von lat. *cuculla* (Mönchskapuze) → metaphori-scher → Bergname; → S. 58, Hohenstaufen.
-kon	→ -i(n)ghofen
kopf	→ metaphorischer → Bergname; → S. 58, Hohen-staufen.
kreut	gerodetes Gelände; → greut, reut, rod, ruit.

Lagebezeichnungen: Ober-, Unter-, Nieder-, Vorder-, Hinter-,
Mittel-, Mitter-, Wester-, Oster-, Sonder-, Sont-,
Norder(n)- dienen zur Unterscheidung oder prä-
zisierung der Höhenlage, der Entfernung oder
Himmelsrichtung eines Ortes in Beziehung zu
einem bestimmten Standpunkt (oberhalb von ...,
östlich von ...); → S. 152, Upflamör.

landwirtschaftliche Bezeichnungen: -acker, -feld, -garten, -hof(en),
-wang.

lau	lichter Wald, Gebüsch, bewachsene Lichtung (z.B. Bernlau, Pappelau), identisch mit *lo(c)h*; → Waldbezeichungen; siehe aber auch → au.
lo(c)h	lichter Wald, Gebüsch, bewachsene Lichtung; → Waldbezeichungen; → S. 56, Hohenlohe; S. 118, Schopfloch; → lau.
mad(en)	Wiese, die einmal im Jahr gemäht und dann

	beweidet wird; → Flurnamen.
mäder	→ mad(en)
metaphorische	*Namen: vergleichen die Landschaft mit Gegenständen oder Körperteilen: -knie, -kogel, -kopf, -nase, schopf-, -stauf etc.;* → S. 58, Hohenstaufen
mittel-	→ Lagebezeichnungen.
moos	Gelände mit sumpfigem, morastigem Boden.
mühle(n)	(Siedlung bei der) Mühle
-n	→ -en
-nase	→ metaphorischer → Bergname
nieder-	unterhalb gelegen; → Lagebezeichnungen.
norder(n)-	nördlich gelegen; → Lagebezeichnungen.
ober-	oberhalb gelegen; → Lagebezeichnungen.
-on	→ -i(n)ghofen
oster	östlich gelegen; → Lagebezeichnungen.
reut	gerodetes Gelände; → Rodungsnamen.
ried(en)	1. Siedlung im Ried, Moor.
	2. Rodung; → Rodungsnamen.
Rodungsnamen:	*Bestandteile eines Ortsnamens, die auf eine Rodung des Geländes zurückgehen: hau, reut, ried, rot, ruit, schlacht.*
rot	1. gerodetes Gelände; → Rodungsnamen; → S. 165, Lobenrot.
	2. Gewässerfarbe; → Gewässernamen; → S. 165, Orrot.
ruit	gerodetes Gelände; → Rodungsnamen.
-s	Genitivische Siedlungsnamen, zu ergänzen ist *Haus, Hof* oder *Siedlung*; → S. 145, Bayums.
Sankt	Siedlungen bei einer Kapelle oder Kirche, die dem betreffenden Heiligen gewidmet sind.
schieß	spitzwinkliges Wald- oder Flurstück; → Flurnamen; → S. 20, Bittelschieß.
schlacht	Einschlag, gerodetes Gelände; → Rodungsnamen.
see	Siedlung an einem See, Teich oder Gewässer jeder Größenordnung.

| selde(n) | (bei den) Taglöhnerhütten; → Siedlungsnamen. |
| siedel(n) | (bei dem) Wohnsitz; → Siedlungsnamen. |

Siedlernamen: Ortsnamen, die sich nicht auf die geographische Lage beziehen, sondern auf eine Person oder eine Personengruppe, z.B. Sigmaringen: Sigmaring: der Gefolgsmann des Sigmar, Sigmaringen: bei den Gefolgsleuten des Sigmar; → Wennenden: bei den Wenden, Slaven. -ingen-Namen sind Siedlernamen, selbst wenn die Endung -ingen nicht mit einem Personnenamen, sondern einer Stellenbezeichnung kombiniert ist: Westerlingen war die Siedlung der westlich von einem bestimmten Standpunkt gelegenen Ort wohnenden Leute.

Siedlungsnamen: -heim, -ingheim, -haus(en), -hof(en), -höfe(n), statt(en), -stett(en), -dorf, -weiler, -bur, zimmer(n), -selde(n), -sölde(n), -siedel, -stadt, -statt, -mühle. Diese Namengrundwörter zielen in erster Linie auf die Siedlung und können auch mit den Namen eines Siedlers verbunden sein, z.B. → S. 36, Deppenhausen: Siedlung des Tappo. Bedeutungsgleich sind -dorf, -hausen, -heim, -hofen, -stetten, -weiler. Spezieller: -beuren, -hütten. Manche dieser Grundwörter lassen Rückschlüsse auf die Zeit derBesiedlung zu.

sölde(n)	→ selde(n)
sonder	südlich gelegen; → sont; → Lagebezeichnungen.
sont	südlich gelegen; → Lagebezeichnungen.
spring	Quelle
statt	Wohnstätte
stauf(en)	Becher ohne Fuß, metaphorischer → Bergname; → S. 58, Hohenstaufen.
stein	Fels; → Burgenname

Stellennamen: Bestandteile eines Ortsnamens, die einen Hinweis auf die landschaftliche Lage der Siedlung

	enthalten. Dazu gehören → Burgen-, → Flur-, → Gewässernamen, → Bergbezeichnungen.
stett(en)	Siedlung, bedeutungsgleich mit -hofen, -hausen, -heim, -dorf. Dativ plural von statt: bei den Stätten.
strut	Sumpf, Gebüsch, Dickicht.
su(n)d	südlich gelegen; → sont; → Lagebezeichnungen.
tissen	beim Wasserschwall; → S. 114, Riß.
unter-	unterhalb gelegen; → Lagebezeichnungen.
ur	Auerochse; → Ereignisnamen; → S. 40, Ellwangen.
vorder-	näher gelegen; → Lagebezeichnungen.
wald	1. Wald; 2. Personenname Waldo; 3. Walchen, Welsche, Ausländer

Waldbezeichnungen: -ach, -aich(en), -buch(en), -busch, -hart, -holz, -loh.

wang(en)	Feld, Wiese, Weide ; manchmal fällt das *w* weg; → S. 16, Backnang, Botnang; → S. 41, Mutlangen, Humlangen.
wanne	Mulde im Gelände; → Flurnamen; → S. 156, Wannweil.
weil	Siedlung bei den Resten eines römischen Guts-hofes; → S. 156, Wannweil.
weiler	Siedlung in der Größenordnung zwischen Hof und Dorf. Merowingerzeitliches Lehnwort, geht zurück auf romanisch *villare* (den Hof [villa] umgebender Boden). Der Begriff stammt aus der Zeit des fränkischen Reichs und seiner gallo-römischen Mischkultur und tritt seit dem 7. Jahrhundert in deutschen und französischen Ortsnamen auf. → Siedlungsnamen; → S. 156, Wannweil; → S. 84, Killer.

wirtschaftliche Bezeichnungen: -mühlen.

zimmern	bei den Blockhäusern (im Unterscheid zu Fach-werkhäusern); → S. 42, Frauenzimmern.
-z	→ -s
zell	Zelle, Kloster; → Kirchen- und Klosternamen.

Literatur

Bach, Adolf: Deutsche Namenkunde. Bd. 1-2. Heidelberg 1952-54.

Bacmeister, Adolf: Alemannische Wanderungen. 1. Ortsnamen der keltisch-römischen Zeit, slavische Siedlungen. Stuttgart 1867.

Becht, Hans-Peter: Pforzheim so, wie es war. Fotografierte Zeitgeschichte. Düsseldorf 1987.

Berger, Dieter: Duden, geographische Namen in Deutschland. Herkunft und Bedeutung der Namen von Ländern, Städten, Bergen und Gewässern. Mannheim, Leipzig, Wien, Zürich 1993.

Beschreibung des Oberamts Crailsheim. Stuttgart 1884.

Beschreibung des Oberamts Hall. Stuttgart/Tübingen 1847.

Beschreibung des Oberamts Oehringen. Stuttgart 1865.

Beschreibung des Oberamts Ravensburg. Stuttgart und Tübingen 1836.

Beschreibung des Oberamts Ulm. Bd. 1-2. Stuttgart 1897.

Beschreibung des Oberamts Wangen. Stuttgart und Tübingen 1841.

Boesch, Bruno: Zu den Ortsnamen. In: Der Schwarzwald. Beiträge zur Landeskunde. Hg. Ekkehard Liehl, Wolf-Dieter Sick. Bühl/Baden 1981.

Bohnenberger, Karl: Die Ortsnamen Württembergs. Tübingen 1927.

Borst, Arno: Geschichte eines Wortes. In: Der Bodensee. Landschaft, Geschichte, Kultur. Hg. von Helmut Maurer, Friedrichshafen 1982

Brechenmacher, Josef Karlmann: Etymologisches Wörterbuch der deutschen Familiennamen. Bd. 1-2. Glücksburg 1957-63.

Brockhaus' Konversations-Lexikon. Bd. 1-16. 14. Aufl. Leipzig 1908.

Buck, Michael: Oberdeutsches Flurnamenbuch. Stuttgart 1880.

Chronik des Kreises Ravensburg. Landschaft, Geschichte, Brauchtum, Kunst. Hinterzarten 1975.

Crailsheim, Sigmund Freiherr von: Die Reichsfreiherrn von Crailsheim. Familiengeschichte. München 1905.

Das große Buch vom Schwarzwald. Von Hartwig Haubrich, Wolfgang Hug und Herbert Lange. Stuttgart 1991.

Das Königreich Württemberg. Eine Beschreibung nach Kreisen, Oberämtern und Gemeinden. Bd. 1-4. Stuttgart 1904-1907.

Das Land Baden-Württemberg. Amtliche Beschreibung nach Kreisen und Gemeinden. Bd. 1-8. Stuttgart 1974-83.

Der Alb-Donau-Kreis. Bd. 1-2. Sigmaringen 1989-1992.

Der Kreis Schwäbisch Hall. 2. Aufl. Stuttgart/Aalen 1987.

Der Landkreis Crailsheim. Kreisbeschreibung. Hg. vom Statistischen Landesamt Baden-Württemberg. Stuttgart 1953.

Der Landkreis Ravensburg im Spiegel des Schrifttums. Eine Kreisbibliographie. Hg. von Hans Ulrich Rudolf (Weingartener Hochschulschriften Nr. 10) Weingarten 1990.

Die Kunst- und Altertums-Denkmale im ehemaligen Donaukreis. Oberamt Ravensburg. Bearbeitet von Richard Schmidt und Hans Buchbreit. Stuttgart/Berlin 1931.

Eberl, Immo: Wennenden. In: Decker-Hauff, Hansmartin und Eberl, Immo (Hg.): Blaubeuren. Die Entwicklung einer Siedlung in Südwestdeutschland. Sigmaringen 1986, S. 965 f.

Elina, Hilza: Die Sorben/Wenden in Deutschland. In: http://www.-user.tu-cottbus.de/Sorben/ger/historie.htm (abgerufen 20.4.1998).

Fischer, Hermann: Schwäbisches Wörterbuch. Bd. 1-6. Tübingen 1904-36.

Förstemann, Ernst:
  – Altdeutsches Namenbuch. Bd. I (Personennamen). 2. Aufl. Bonn 1900.
  – Altdeutsches Namenbuch. Bd. II (Orts- und sonstige geographische Namen). 2. Aufl. Bonn 1913-16.

Geiger, Theodora: Die ältesten Gewässernamenschichten im Gebiet des Hoch- und Oberrheins. In: Beiträge zur Namenforschung 14 (1963), S. 213-229; 15 (1964), S. 26-54; 16 (1965), S. 113-136, 233-263.

Gottschald, Max: Deutsche Namenkunde. Unsere Familiennamen. 5. Aufl. Berlin 1982.

Gräser, Hans: Das Crailsheimer Stadtwappen. In: Mitteilungsblätter des Crailsheimer Historischen Vereins 11 (1994).

Greule, Albrecht: Vor- und frühgermanische Flußnamen am Oberrhein. Heidelberg 1973.

Hampele, Walter: Das Hohenloher Schlitzohr. In: Württembergisch Franken, Bd. 79 (1995), S. 479-497.

Handwörterbuch zur deutschen Rechtsgeschichte (HRG). Bd. 1-6. Berlin 1971-98.

Heimatbuch der Gemeinde Zwiefalten. Herausgegeben anläßlich ihres 150jährigen Gemeindejubiläums. Zwiefalten 1982.

Historischer Südwestdeutscher Sprachatlas. Von Wolfgang Kleiber, Konrad Kunze, Heinrich Löffler. Bd. 1-2. München 1979.

Historisches Ortsnamenbuch von Bayern. München 1951.

Kapfhammer, Günter: Judenwege. Untersuchungen zur jüdischen Mobilität und Migration mit besonderer Berücksichtigung Bayerns. In: Blätter für oberdeutsche Namenforschung. 27. Jahrgang, 1990, S. 3-27.

Keinath, Walther: Orts- und Flurnamen in Württemberg. Stuttgart 1951.

Kempa, Martin und Reichardt, Lutz: Kuchen, Name und Sache. Mit einem Exkurs über Essingen. In: Zeitschrift für Württembergische Landesgeschichte. Hgg. von der Kommission für geschichtliche Landeskunde in Baden-Württemberg und dem Württembergischen Geschichts- und Altertumsverein. 33. Jahrgang. Stuttgart 1994.

Kleiber, Wolfgang und Pfister, Max: Aspekte und Probleme der römisch-germanischen Kontinuität. Sprachkontinuität an Mosel, Mittel- und Oberrhein sowie im Schwarzwald. Stuttgart 1992.

Kluge, Friedrich: Etymologisches Wörterbuch der deutschen Sprache. 23. Aufl. Berlin/New-York 1995.

Krahe, Hans:
- Die Struktur der alteuropäischen Hydronomie. In: Abhandlungen der Akademie der Wissenschaften und der Literatur, Geistes- und Sozialwissenschaftliche Klasse, Nr. 5. Mainz 1962.
- Über einige mit f- anlautende (Orts- und) Gewässernamen. In: Beiträge zur Namenforschung 9 (1958), S. 1-15.
- Unsere ältesten Flußnamen. Wiesbaden 1964.

Kreis- und Gemeindewappen in Baden-Württemberg. Bd. 1-4. Stuttgart 1987.

Krieger, Albert: Topographisches Wörterbuch des Großherzogtums Baden. Hg. von der Badischen Historischen Kommission. 2. Aufl. Bd. 1-2. Heidelberg 1904, 1905.

Kruse, Norbert: Der Name Isny und die älteste Namenschicht des Kreises Ravensburg. In: Im Oberland. Kultur, Geschichte, Natur. Beiträge aus Oberschwaben und dem Allgäu. Heft 2, 1996, S. 21-26.

Lexer, Matthias: Mittelhochdeutsches Handwörterbuch. Bd. 1-3 u. Nachtr. Leipzig 1869-78.

Lexikon des Mitelalters. Bd. 1-10. München-Zürich 1980-99.

Maurer, Helmut (Hg.): Der Bodensee. Landschaft, Geschichte, Kultur. Sigmaringen 1982.

Maurer, Helmut: Konstanz im Mittealter. Bd. 1. Konstanz 1989.

Meyers Enzyklopädisches Lexikon in 25 Bänden. Mannheim, Wien, Zürich 1971-79.

Nieto Ballester, Emilio: Breve diccionario de topónimos españoles. Madrid 1997.

Novotny, Peter: Vereinödung im Allgäu und in den angrenzenden Gebieten. Kempten 1984.

Pokorny, Julius: Indogermanisches etymologisches Wörterbuch. Bd. 1-2, Bern 1959-69.

Raff, Gerhard: Hie gut Wirtemberg allewege. Das Haus Württemberg von Graf Ulrich dem Stifter bis Herzog Ludwig. Stuttgart 1984.

Reaney, P. H.: The Origin of English Place Names. 9. Aufl, London 1987.

Reichardt, Lutz:
- Die Baden-Württembergischen Ortsnamenbücher. Rahmenbedingungen, Arbeitsmethoden und Darstellungsmethoden. In: Historisch-philologische Ortsnamenbücher. Regensburger Symposion. 4. und 5. Oktober 1994. Hg.: Heinrich Tiefenbach. Heidelberg 1996.
- Heukrampfen, Schnürpflingen und Konsorten. Beinamen in südwestdeutschen Siedlungsnamen. In: Beiträge zur Volkskunde in Baden-Württemberg. Bd. 2. Stuttgart 1987.
- Ortsnamenbuch des Alb-Donau-Kreises und des Stadtkreises Ulm (Veröffentlichungen der Kommission für geschichtliche Landeskunde in Baden-Württemberg, Reihe B, Bd. 105). Stuttgart 1986.
- Ortsnamenbuch des Kreises Esslingen (Veröffentlichungen der Kommission für geschichtliche Landeskunde in Baden-Württemberg, Reihe B, Bd. 98). Stuttgart 1982.

- Ortsnamenbuch des Kreises Göppingen (Veröffentlichungen der Kommission für geschichtliche Landeskunde in Baden-Württemberg, Reihe B, Bd. 112). Stuttgart 1989.
- Ortsnamenbuch des Kreises Heidenheim (Veröffentlichungen der Kommission für geschichtliche Landeskunde in Baden-Württemberg, Reihe B, Bd. 111). Stuttgart 1987.
- Ortsnamenbuch des Kreises Reutlingen (Veröffentlichungen der Kommission für geschichtliche Landeskunde in Baden-Württemberg, Reihe B, Bd. 102). Stuttgart 1983.
- Ortsnamenbuch des Kreises Tübingen (Veröffentlichungen der Kommission für geschichtliche Landeskunde in Baden-Württemberg, Reihe B, Bd. 104). Stuttgart 1984.
- Ortsnamenbuch des Ostalb-Kreises. Bd. 1-2 (Veröffentlichungen der Kommission für geschichtliche Landeskunde in Baden-Württemberg, Reihe B, Bd. 139/140). Stuttgart 1999.
- Ortsnamenbuch des Stadtkreises Stuttgart und des Landkreises Ludwigsburg (Veröffentlichungen der Kommission für geschichtliche Landeskunde in Baden-Württemberg, Reihe B, Bd. 101). Stuttgart 1982.
- Siedlungsnamen: Methodologie, Typologie und Zeitschichten (Beispiele aus Hessen). In: Die Welt der Namen. Sechs namenkundliche Beiträge. Herausgegeben von Norbert Nail (Schriften der Universitätsbibliothek Marburg, Nr. 87), Marburg 1998.
Ruoff, Arno: Die Mundart. In: Der Landkreis Tübingen. Amtliche Kreisbeschreibung, 1. Bd. Tübingen 1967, S. 351-390.
Ruoff, Arno: Über die Tübinger Stadtsprache. In: Schwäbische Heimat 8 (1957), S. 112-115.
Ruoff, Arno: Wo die Geiten zu Eeíten werden. Über die Mundart in Stadt und Kreis Tübingen. In: Sonderbeilage der Südwest Presse vom 11. 8. 1978 „900 Jahre Stadt Tübingen“.
Schmeller, Johann Andreas: Bayerisches Wörterbuch. Bd. 1-2. Sonderausgabe der von G. Karl Fromann bearbeiteten 2. Ausgabe München 1872 – 1877, München 1985.
Schmid, Anneliese: Die ältesten Namenschichten im Stromgebiet des Neckar (I-II). In: Beiträge zur Namenforschung 12 (1961), S. 197-214 u. 225-249; 13 (1962), S. 53-69, 97-125 und 209-227.
Schmid, Wolfgang Paul: Donau. In: Reallexikon der Germanischen Altertumskunde. 2. Aufl., Bd. 6, Lfg. 1/2, S. 14-16.
Schützeichel, Rudolf: Althochdeutsches Wörterbuch. 3. Aufl. Tübingen 1981.
Springer, Otto: Die Flußnamen Württembergs und Badens. Stuttgart 1930.
Unser Stuttgart. Geschichte, Sage und Kultur der Stadt und ihrer Umgebung, in Einzelbildern dargeboten. Der Jugend Stuttgarts gewidmet von Wilhelm Seytter. Stuttgart o.J. (1903/04).
Waldburg. Bilder erzählen aus den letzten 100 Jahren. Horb 1997.

Index der in diesem Band erklärten Namen und Wörter

(Die **fettgedruckten** Orts-, Fluß- und Landschaftsnamen sind Thema eines Kapitels.)

186

Museen in Baden-Württemberg

Umfassend, kompetent und attraktiv ist dieser unentbehrliche Begleiter: 1043 Museen von A bis Z. Mit farbiger Übersichtskarte, Öffnungszeiten, kurzem Überblick zu den Sammlungen, Eintrittspreisen u.v.m. 480 Seiten mit 400 farbigen Abbildungen.

Emily C. Rose
Als Moises Kaz seine Stadt vor Napoleon rettete

Meiner jüdischen Geschichte auf der Spur. Die Autorin erzählt von einfachen Menschen in den Dörfern und Kleinstädten im ländlichen Deutschland zwischen 1730 und 1880. 368 Seiten mit 40 Abb., Karten.

Wolfgang Alber/Eckart Frahm/Manfred Waßner
Baden-Württemberg

Kultur und Geschichte in Bildern. Die Autoren präsentieren neben eindrucksvollen Zeugnissen einer hochstehenden Kultur bewusst auch die Alltagsgeschichte der kleinen Leute. So entsteht ein anschaulicher Überblick von der Steinzeit bis zur Gegenwart. 160 Seiten mit 200 farbigen Abbildungen.

Angelika Bischoff-Luithlen
Der Schwabe und die Obrigkeit

Nicht nur Gemütvolles aus alten Akten und schwäbischen Dorfarchiven. Das Leben auf dem Dorf in all seinen Facetten. 260 Seiten mit 10 Zeichnungen.

Alfred Munz
Silberdisteln

Besinnliche Spaziergänge auf der Schwäbischen Alb. Der Autor hat sich auf seinen Ausflügen in die Stille und Weite der Alblandschaft zu Impressionen besonderer Art inspirieren lassen. So entstanden poetische Miniaturen, nicht nur für nachdenkliche Albwanderer. 140 Seiten mit 5 Schwarzweiss-Abbildungen.

Manfred Wetzel
Vom Mummelsee zur Weibertreu

Die 200 schönsten Sagen aus allen Landschaften Baden-Württembergs, neu erzählt und reizvoll illustriert. 420 Seiten mit 45 Zeichnungen.

Helmut Engisch
Der schwäbische Büffelkönig und die Löwenmadam
Ergötzliche Geschichten von couragierten und kuriosen Schwaben. 200 Seiten. Neue, brillant erzählte Geschichten über schwäbische Originale.

Helmut Engisch
Ein Mönch fliegt übers Schwabenland
Ergötzliche Geschichten von gescheiten und gescheiterten Schwaben. 200 Seiten. Vortrefflich geschriebene Geschichten über unverwechselbare Originale, Hurgler, Bruddler und andere rare Vögel aus dem Schwabenland.

So herrlich blau der Berge Saum!
Neue Gedichte und Geschichten aus Baden-Württemberg. 112 Seiten mit 30 Abbildungen. Eine poetische Reise durch die Landschaften Baden-Württembergs: das ideale Geschenkbändchen in bibliophiler Aufmachung.

O Herr hilf!
Schwäbische Geschichten vom Lande von Christian Wagner und August Lämmle. 84 Seiten mit 45 Fotos von Michael Barth. Auf liebevolle Art gewähren die Autoren Einblick in Schwabens vergangene ländliche Lebensweise. Immer steht dabei der Mensch mit all seinen Stärken und Schwächen im Mittelpunkt des Handelns.

Petra Zwerenz
Alb ond Älbler
Geschichten und Gedichte. 80 Seiten. Auf einfühlsame Weise porträtiert die Autorin die Alb und ihre Menschen. Mit Liebe zum Detail schreibt sie über das alltägliche Leben – mal lächelnd und mit leiser Ironie, mal traurig und trotzig.

Schwäbisch vom Blatt
für Schwaben und andere. 320 Seiten. Schwäbische Wörter und Sprüch', gesammelt von Gerhard Widmann, dazu 35 typische Koch- und Backrezepte.

THEISS